Atene rivelata

Denis Roubien

Questo libro è dedicato alla mia compagna di escursioni di molti anni
nella scoperta di Atene

Indice

Introduzione

Lo scopo di questo libro è aiutarvi a capire ciò che le guide turistiche non spiegano. Potete trovare molti libri sull'Atene antica. Se la visitate, una guida turistica vi fornirà tutte le informazioni di cui avrete bisogno. Ma cosa succede ad Atene nei secoli che seguono? E le vecchie case, le antiche chiese, le moschee e gli altri luoghi oscuri che incontrate ovunque? Questo libro, scritto da uno specialista di Atene, oltre a presentarvi tutti i principali luoghi turistici di Atene di tutti i tempi, vi aiuterà a capire la città di oggi e a non sentirvi persi come visitatori.

1. Una città complicata

Oltre alla visita tradizionale dei principali siti archeologici di Atene, dove probabilmente leggerete tutte le informazioni necessarie nei vostri libri o le ascolterete dalla vostra guida, potreste voler fare una passeggiata nel centro storico di Atene. E lì vedrete molte cose che nessuna guida vi avrà spiegato. Vedrete case come questa.

E poi, forse, accanto a lei, qualcosa come questo.

E dopo, più in basso, qualcosa come questo.

E persino qualcosa come questo.

Alcuni secoli separano questi edifici l'uno dall'altro. Secoli durante i quali Atene, molto dopo la fine del mondo antico, passò dall'Impero Bizantino al Ducato di Atene, governato successivamente dai Francesi, dai Catalani e dai Fiorentini, poi all'Impero ottomano, prima di diventare la capitale del nuovo Stato greco. Così, il visitatore vedrà, tra le famose antichità, molti altri edifici, rendendo difficile per lui comprendere questa città dalla storia così complessa.

Lo scopo di questo libro è spiegarvi esattamente questo. Non accumulando molti nomi e date che non ricorderete mai. Ma utilizzando alcuni esempi caratteristici, per farvi capire il tutto.

Innanzitutto, vediamo come Atene è stata per secoli, prima di diventare la capitale della Grecia. Occupava quasi la stessa superficie dell'Antichità. La rete delle strade era sempre irregolare, a causa dell'irregolarità del terreno. Nella mappa seguente, vedrete la città con i suoi principali siti archeologici, anche se non erano ancora stati scavati e la maggior parte delle antichità non era visibile. La muraglia non era quella dell'Antichità, ma risaliva solo al XVIII secolo. Tuttavia, il suo tracciato coincideva spesso con quello della muraglia antica.

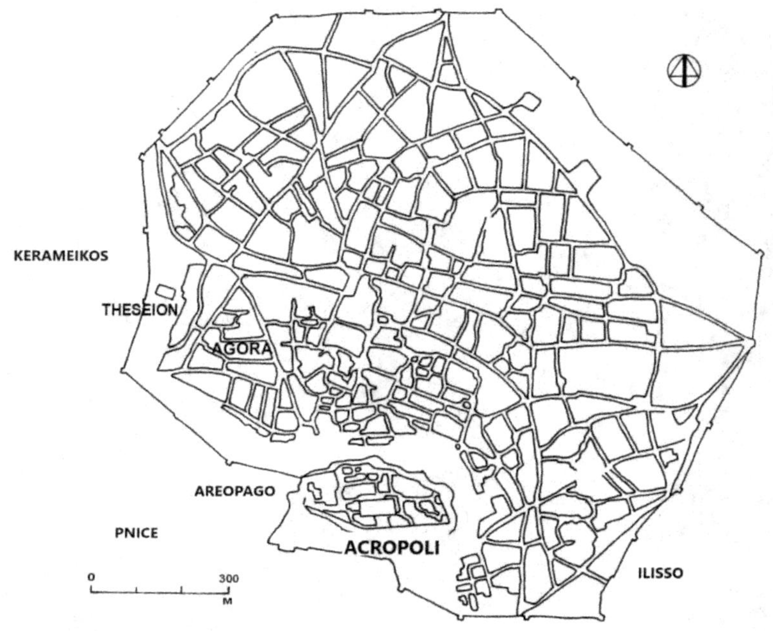

Atene prima dell'indipendenza greca (disegnato dall'autore)

2. Comprendere l'Atene moderna. Le tre griglie

Quando Atene è diventata la capitale della Grecia nel 1834, è stata aggiunta una città moderna come un'estensione di quella antica. Ma questa volta era regolare, come dovrebbe essere una capitale europea moderna. La nuova città è stata formata secondo tre griglie, disposte intorno a un triangolo che ha circondato e contemporaneamente penetrato la vecchia città.

In questa pianta, è possibile distinguere facilmente la vecchia città che è stata incorporata nella nuova. È tutta la parte irregolare. E queste stelle sono i siti, per lo più oscuri, che questo libro vi propone, se volete capire ciò che vedete al di là delle famose antichità classiche, che, naturalmente, non costituiscono la maggior parte della città. I siti scelti si trovano nella zona generalmente conosciuta come Plaka. L'ultimo è un'eccezione, ma in realtà è solo il collegamento a un altro tour che faremo in seguito nella nuova città e nei suoi monumenti.

La prima parte di questo libro si concentrerà sui siti che non troverete in nessuna guida turistica, o se ne trovate alcuni, non avrete le osservazioni cruciali che vi aiuteranno a comprendere i legami tra i diversi strati della città.

Il centro di Atene con i siti inclusi in questo itinerario (disegnato dall'autore)

3. Museo Frissiras. Il monumento antico
che ha ispirato una casa

Museo Frissiras

Iniziamo il nostro tour con il Museo Frissiras, situato in via Monis Astériou. Si tratta di un museo di pittura europea contemporanea ospitato in un edificio dei primi del XX secolo, opera di Ernst Ziller. Egli era un architetto tedesco che ha trascorso la maggior parte della sua vita in Grecia e ha firmato centinaia di edifici. Il suo nome comparirà più volte se vi interessa l'architettura neoclassica greca.

Ma oltre all'interesse del museo in sé, questo edificio è molto caratteristico del desiderio dei Greci dopo l'Indipendenza di imitare i monumenti antichi, al fine di sentire di avvicinarsi ai loro antenati. Il suo aspetto sontuoso caratterizza le ultime fasi del neoclassicismo, quando gli elementi decorativi divennero abbondanti.

Se vi state chiedendo sulla forma strana dell'edificio, passiamo alla prossima attrazione.

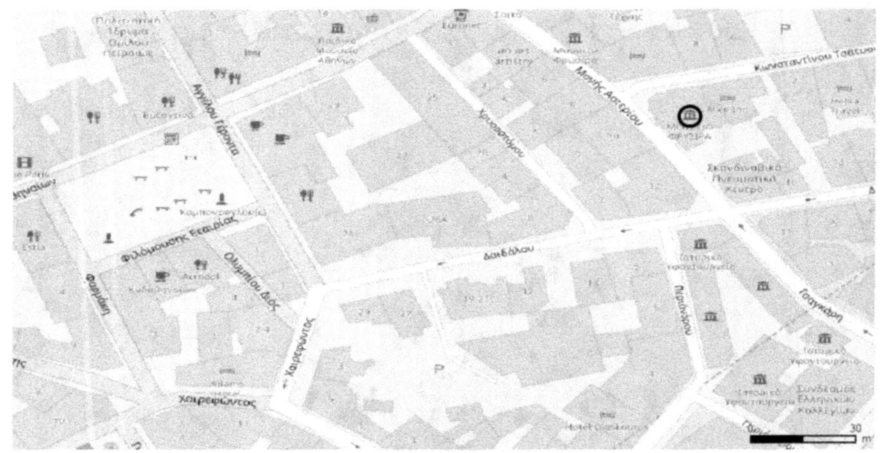

Nel cerchio, il Museo Frissiras

4. Monumento di Lisicrate. La biblioteca in miniatura

Il monumento di Lisicrate oggi. Piazza Lisikratous, Plaka, Atene

In piazza Lisikratous, molto vicino al Museo Frissiras, vedrete il monumento di Lisicrate. Nel caso vi stiate chiedendo perché figura nella nostra lista, dato che è un monumento antico e ben noto nelle guide, ci sono due ragioni per la sua presenza qui: innanzitutto, la sua connessione con la curiosità precedente, che mostra come i monumenti antichi abbiano servito da modelli per gli edifici moderni, senza avere alcuna relazione con loro. Poi, la sua storia dopo l'Antichità.

Nel 335-334 a.C., Lisicrate, sponsor (chorègos in greco) di una rappresentazione teatrale al concorso teatrale dei Grandi Dionisie (in onore di Dioniso), costruì il monumento per celebrare la sua vittoria. Per questo motivo è chiamato un monumento coregico. In cima vi era posto un tripode in bronzo, come si faceva con tutti i monumenti coregici che erano disposti nella stessa strada, a partire dal teatro di Dioniso. Per questo la strada si chiamava Via dei Tripodi, la stessa di oggi (Tripodon). Per ragioni ovvie, il monumento presenta una scena mitologica con Dioniso. Dei pirati tirreni lo catturarono, senza sapere chi fosse. Li punì trasformandoli in delfini.

Il monumento divenne noto come la lanterna di Diogene, forse a causa della sua forma. Si diceva che il filosofo Diogene si muovesse con una lanterna, cercando di trovare un (vero) uomo. Naturalmente, non aveva nulla a che fare con il monumento.

Ma ciò che è molto particolare di questo monumento è la sua storia più recente. Nel 1669, dei frati cappuccini francesi arrivarono ad Atene. Fondarono un monastero e trasformarono il monumento in biblioteca. Per questo motivo è sopravvissuto, a differenza di tutti gli altri monumenti coregici circostanti. L'edificio fu ampiamente replicato nel XVIII secolo e divenne famoso in tutto il mondo. Persino versioni "migliorate" apparvero in molti luoghi, persino negli Stati Uniti o in Australia.

I cappuccini fecero il primo piano topografico di Atene nel 1670. Nel 1818, il frate François piantò nei giardini del monastero i primi pomodori in Grecia. Il monastero bruciò durante la Rivoluzione Greca e il monumento rimase in rovina per molti anni, fino al suo restauro nel 1876-1887.

Il monumento di Lisicrate nel cortile del monastero dei cappuccini, 1762, James Stuart e Nicholas Revett. I frati accolsero Lord Byron (opera di pubblico dominio) {{PD-1923}})

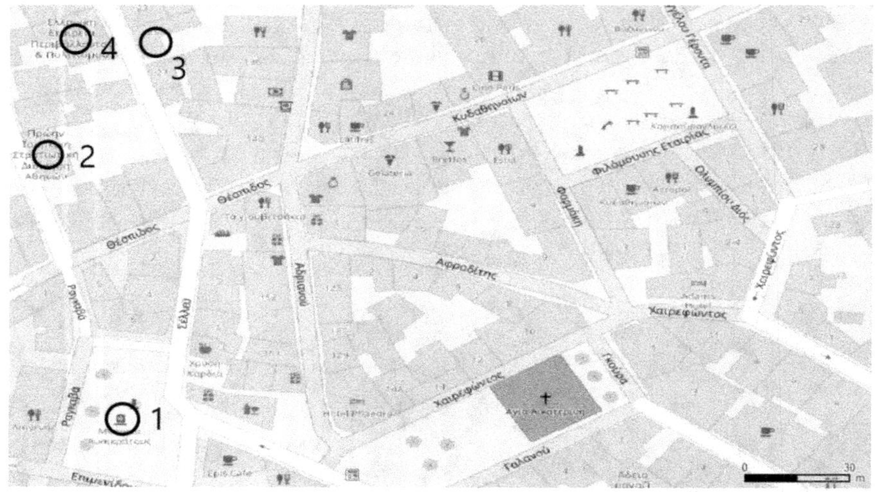

1.Monumento di Lisicrate 2.Abitazione borghese dell'epoca ottomana 3.Abitazione borghese dopo l'Indipendenza 4.Facciata neoclassica in una casa prerevoluzionaria

5. Abitazione borghese dell'epoca ottomana
La sopravvivenza delle case antiche

Casa tradizionale del XVIII secolo

Dalla piazza Lisikratous, prenderemo la via Tripodon. Subito dopo, vedremo sulla sinistra una tipica casa del XVIII secolo. Si tratta di una dimora caratteristica dei secoli che hanno preceduto l'Indipendenza, prima dell'avvento del neoclassicismo. Dovreste immaginare Atene e tutte le altre città della Grecia con case come questa.

Qui vedete il cortile posteriore, con l'hayat (loggia). L'hayat fungeva da corridoio e balcone. Come corridoio, consentiva la comunicazione tra le stanze. Come balcone, permetteva di godere del sole durante i mesi invernali, al riparo di un tetto. In effetti, questo tipo di casa risale all'Antichità, poiché si adattava perfettamente al clima mediterraneo, permettendo di trascorrere molto tempo all'aperto. La differenza principale è nelle vetrate, ma queste sono state aggiunte dopo l'Indipendenza, quando è diventato possibile produrle in Grecia. Così, il corridoio è diventato ancora più utile, poiché poteva essere utilizzato nei giorni soleggiati ma freddi dell'inverno come un soggiorno.

Nella foto successiva, vedete una casa a Makrinitsa, sul monte Pelion.

Questa è la casa tipica della classe superiore della Grecia settentrionale e riflette la differenza del Sud. Le parti settentrionali della Grecia erano più ricche nelle epoche bizantina e ottomana, le case erano fatte di materiali più solidi e potevano avere un aspetto più imponente. Inoltre, il clima del Nord era molto meno mite, il che ha portato a un'architettura più "introversa".

Casa a Makrinitsa, Monte Pelion. Esempio tipico di abitazione nel Nord della Grecia, molto più ricco del Sud, ma anche con un clima meno mediterraneo

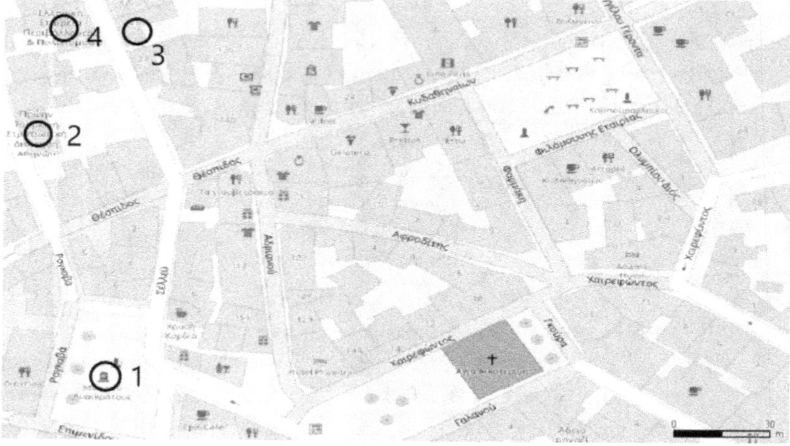

1.Monumento di Lisicrate 2.Abitazione borghese dell'epoca ottomana 3.Abitazione borghese dopo l'Indipendenza 4.Facciata neoclassica in una casa prerevoluzionaria

6. Abitazione borghese dopo l'Indipendenza
Neoclassica davanti, tradizionale dietro

Facciata neoclassica in una casa tradizionale

Quasi di fronte alla casa precedente, sempre in via Tripodon, vedremo uno spettacolo strano, che, tuttavia, non è affatto raro. Questa casa è stata costruita dopo la Rivoluzione ed è un esempio tipico di transizione: dall'architettura dell'epoca ottomana a quella dell'Indipendenza. La facciata, vista dalla strada, è la parte ufficiale della casa. È neoclassica, poiché il classicismo simboleggiava due cose: l'europeizzazione e il legame al passato antico. Esattamente ciò che la Grecia liberata desiderava. Il resto della casa è comunque tradizionale. Ha un cortile interno e un hayat (loggia). Questa architettura era adatta al clima greco e soddisfaceva meglio le esigenze quotidiane.

photo by Denis Roubien

7. Facciata neoclassica in una casa prerevoluzionaria

Appena un po' più avanti, sempre in via Tripodon, quasi di fronte alla casa precedente, ne vedrete un'altra. La facciata neoclassica cela una casa borghese del periodo pre-rivoluzionario. È simile a quella precedente, tranne che qui è stata aggiunta la facciata neoclassica "moderna" a un edificio più antico dell'epoca ottomana. Per le stesse ragioni: europeizzazione e legame al passato antico.

Potreste notare che questa facciata è molto più semplice rispetto a quella del Museo Frissiras. Questo perché le case neoclassiche dei primi decenni dopo l'Indipendenza erano più sobrie per due ragioni: una era la visione più moderata dell'epoca sull'uso di motivi antichi negli edifici moderni. L'altra era semplicemente che la tecnologia era molto rudimentale nello Stato appena nato e non era possibile realizzare la ricca decorazione dei decenni successivi. Perciò, ad Atene, vedrete edifici neoclassici di tutti i tipi: dai più semplici, che a malapena possono essere chiamati neoclassici, a edifici estremamente decorati, al punto da essere eccessivi.

Questa casa è di particolare interesse perché nel seminterrato si possono vedere muri antichi e altre scoperte, testimoniando ancora una volta la natura complessa e stratificata di questa città. È possibile scendere nel seminterrato, poiché oggi la casa ospita la 'Società Ellenica per la Protezione dell'Ambiente e del Patrimonio Culturale'.

1.Monumento di Lisicrate 2.Abitazione borghese dell'epoca ottomana 3.Abitazione borghese dopo l'Indipendenza 4.Facciata neoclassica in una casa prerevoluzionaria

La facciata neoclassica cela bene una casa pre-rivoluzionaria. Esempio tipico del neoclassicismo semplice dei primi decenni

8. San Nicola Ragava
Come distinguere una chiesa bizantina

Un po' più avanti, sempre in via Tripodon, ci imbattiamo nella chiesa di San Nicola Ragava. Il suo nome, come nel caso della maggior parte delle chiese bizantine e post-bizantine di Atene, indica il nome della famiglia che ne ha intrapreso la costruzione.

Le vecchie chiese di Atene sono bizantine (prima del 1204, quando Atene cadde nelle mani dei crociati durante la IV crociata) o post-bizantine, cioè dall'epoca della dominazione straniera, sia occidentale che ottomana (dal 1456 all'Indipendenza). Sono abbastanza facili da distinguere. Le chiese bizantine sono state costruite come rappresentanti della religione ufficiale. Quindi, anche se di dimensioni ridotte (dato che Atene era una piccola città), presentano una decorazione esterna elegante e elaborata. Hanno anche una cupola, una caratteristica molto importante per l'architettura religiosa ortodossa, poiché simboleggia il cielo.

Dall'epoca della dominazione occidentale, non ci sono chiese e praticamente nessun monumento, il che riflette le condizioni ad Atene in quel periodo. Le chiese dell'epoca ottomana differiscono da quelle bizantine e sono facili da distinguere. Poiché rappresentano ora la religione non dei conquistatori ma della popolazione conquistata, sono di qualità costruttiva più modesta e non hanno una cupola. Quest'ultima era proibita, poiché aggiungeva altezza all'edificio, cosa non accettata, dato che le moschee, rappresentanti la religione dei conquistatori, dovevano distinguersi chiaramente. Vedremo un esempio di questa architettura più avanti.

L'aspetto interessante qui è che, accanto al corpo principale bizantino dell'XI secolo con elementi esterni molto decorativi, vediamo una facciata che non ha nulla a che fare con esso. Questo è - o era - il caso di molte chiese ad Atene, che, dopo l'Indipendenza, hanno subito estesi lavori di ampliamento per includere il crescente numero di parrocchiani, a causa dell'incremento continuo della popolazione della nuova capitale. Poiché lo stile dominante era il neoclassicismo, gli aggiunti sono stati realizzati in questo stile, indipendentemente dalla mancanza di omogeneità che ciò implicava.

In molti casi, gli aggiunti sono stati rimossi nel XX secolo, quando l'architettura bizantina ha ottenuto il riconoscimento che meritava. Ma non in tutti i casi, sia perché era impossibile ripristinare la forma originaria, sia perché le esigenze erano troppo pressanti per ridurre le dimensioni della chiesa.

San Nicola Ragava. L'esterno molto decorato è molto tipico delle chiese bizantine ateniesi

Se entrate in questa chiesa, vedrete qualcosa di insolito. Subito dopo l'ingresso, c'è una campana appesa all'interno. Viene conservata per il suo valore storico. Durante la dominazione ottomana, alle chiese non era permesso avere campane. L'unica eccezione era San Nicola. Quindi è stata la sua campana a annunciare la liberazione di Atene nel 1833, quando la guardia turca consegnò la città ai rappresentanti del nuovo re Otto.

San Nicola Ragava. Qui è evidente che la facciata è un'aggiunta neoclassica successiva

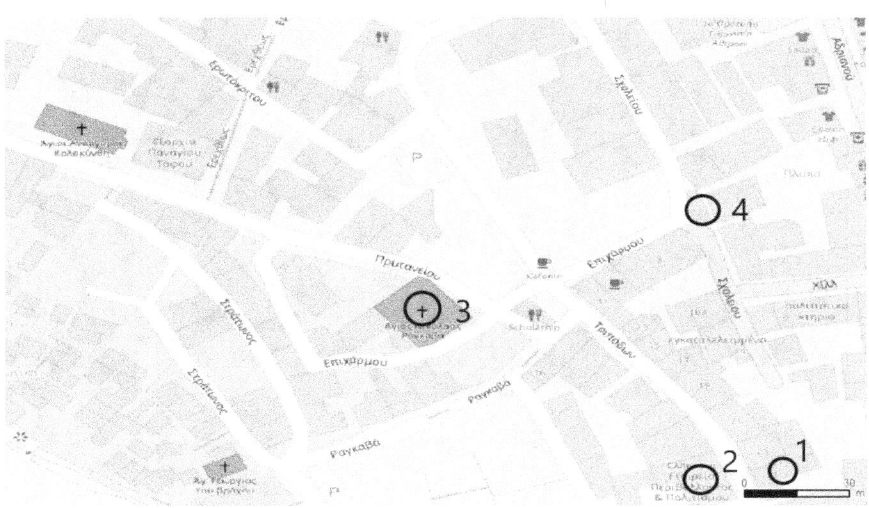

1.Abitazione borghese dopo l'Indipendenza 2.Facciata neoclassica in una casa prerevoluzionaria 3.San Nicola Ragava 4.Casa di Sir Richard Church

San Nicola Ragava. Tutto il fronte (compresa la torre campanaria) è stato aggiunto dopo l'Indipendenza

9. L'ultima torre prerevoluzionaria di Atene

Qui sopra, la casa di Sir Richard Church, unico esempio conservato delle case-torre pre-rivoluzionarie. Qui sotto, 1.Abitazione borghese dopo l'Indipendenza 2.Facciata neoclassica in una casa prerevoluzionaria 3.San Nicola Ragava 4.Casa di Sir Richard Church

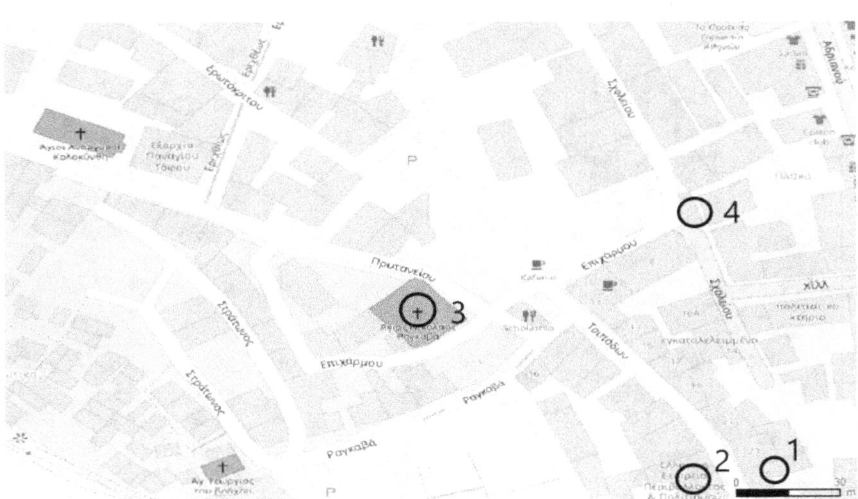

Dopo San Nicola, dovreste girare a destra. All'angolo tra le vie Epicharmou e Scholeiou, vedrete un edificio insolito. Era la residenza del generale britannico Sir Richard Church, che era il comandante delle forze greche durante la Rivoluzione greca. Era di proprietà dello storico inglese George Finlay, che abitava nelle vicinanze. È l'unica casa-torre dell'epoca ottomana sopravvissuta ad Atene. Secondo le fonti, c'erano diverse di queste costruzioni nell'Atene ottomana. La loro presenza testimonia la necessità di protezione dalle invasioni.

10. L'ultima dimora di lusso dell'Atene prerevoluzionaria

Palazzo Benizelos, la più antica casa di Atene

Un po' più avanti sulla destra, dopo la casa del generale Church, vedrete il Palazzo Benizelos, oggi un museo. L'ingresso è dalla via Adrianou. Qui vediamo la parte posteriore, che è più interessante, poiché la facciata è nascosta dietro un muro molto alto. Risale ai secoli XVI e XVII ed è l'unico palazzo rimasto dell'Atene ottomana. È anche la casa più antica della capitale greca. Il periodo della sua costruzione lo rende uno dei pochi collegamenti tra l'architettura secolare bizantina e quella post-bizantina, poiché rimangono pochissime case risalenti prima al XVIII secolo in tutto il paese.

Ma la ricerca ha dimostrato che questo tipo di edificio è molto più antico, e dovreste immaginare le città greche, almeno dai secoli finali di Bisanzio, con molte di queste case. Questo tipo riflette il cambiamento di circostanze, quando lo stato precario dell'Impero bizantino e l'oppressione durante la dominazione ottomana hanno conferito alle case, almeno quelle dell'alta società che avevano qualcosa da proteggere, un carattere fortificato. Il sahnisin (balcone chiuso) aumentava lo spazio e creava un soggiorno luminoso (oda).

Palazzo Benizelos. Il sahnisin (balcone chiuso) aumentava lo spazio e creava un soggiorno luminoso (oda)

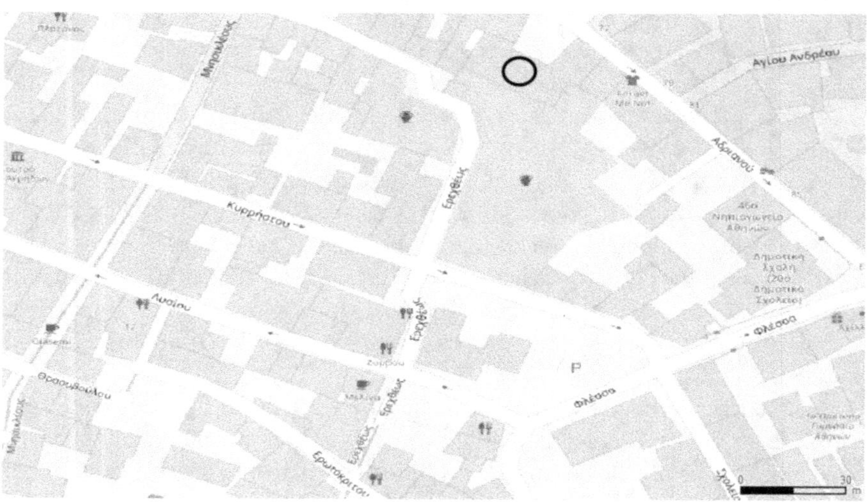

Nel cerchio, il Palazzo Benizelos

11. Gorgoepikoos (piccola cattedrale).
Un collegamento tra l'Antichità e il Medioevo

Dopo lil Palazzo Benizelos, se continuate più avanti verso destra, vi troverete nella Piazza Mitropoleos (Piazza della Cattedrale). Lì, proprio accanto alla cattedrale, un edificio del XIX secolo senza particolari meriti, vedrete una delle numerose chiese bizantine di Atene. Tuttavia, questa è diversa dalle altre. Perché è interamente costruita con resti di edifici antichi.

È facile distinguere gli edifici medievali fatti di materiali antichi. Ogni volta che vedete pietre enormi tra le più piccole, quelle enormi sono antiche e provengono da questo preciso luogo. Nel Medioevo, quando le strade romane erano scomparse per mancanza di manutenzione, le pietre potevano essere trasportate solo su muli, quindi dovevano essere piccole. Per limitare le difficoltà, ogni volta che era possibile, si utilizzavano i resti di edifici antichi, che erano estremamente abbondanti.

Gorgoepikoos. Forse la chiesa più elegante di Atene

Gorgoepikoos. Una chiesa interamente costruita con materiali antichi

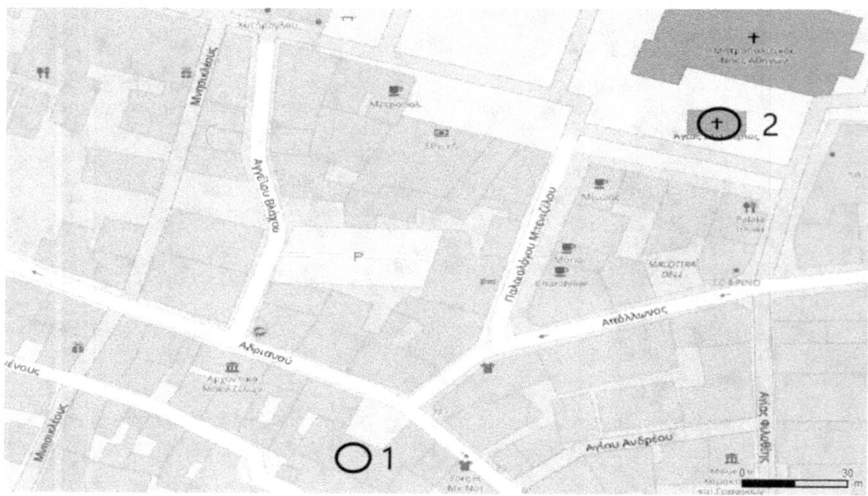

1.Palazzo Benizelos 2.Gorgoepikoos

12. Santi Anarghyri. Architettura religiosa dopo Bisanzio

Se tornate verso San Nicola Ragava e un po' oltre la sua facciata, sulla via Erechtheos, vedrete la chiesa dei Santi Anarghyri Kolokynthi. Costruita intorno al 1600 e appartenente a un sacerdote di nome Kolokynthis, è un esempio tipico di architettura religiosa ad Atene sotto gli Ottomani: bassa e senza cupola, poiché, come detto, queste due caratteristiche erano obbligatorie per rendere le chiese più basse delle moschee. Come la maggior parte delle altre chiese ateniesi, ha subito interventi neoclassici di "modernizzazione", compresa la torre campanaria. La chiesa è una dipendenza del Santo Sepolcro di Gerusalemme (Patriarcato ortodosso di Gerusalemme).

Santi Anarghyri Kolokynthi. Esempio tipico di una chiesa dell'epoca ottomana, bassa, senza cupola e costruita con materiali poveri, riflettendo il cambiamento di circostanze per i cristiani

13. La casa del creatore dell'Atene moderna

Museo dell'Università di Atene. Dettagli neoclassici su forme tradizionali

Un po' più avanti e a sinistra, nella via Tholou, vedrete il Museo dell'Università di Atene. Originariamente era la casa di Stamatios Kleanthes, l'architetto che ha preparato il primo piano di Atene, quello con le tre griglie che circondano un triangolo legato alla vecchia città che abbiamo visto all'inizio del nostro tour.

Era una casa dell'epoca ottomana e Kleanthes le ha conferito un carattere neoclassico. Successivamente è stata sede del liceo e poi dell'università, prima della costruzione del maestoso edificio neoclassico di via Panepistimiou.

Museo dell'Università di Atene. Il cortile posteriore

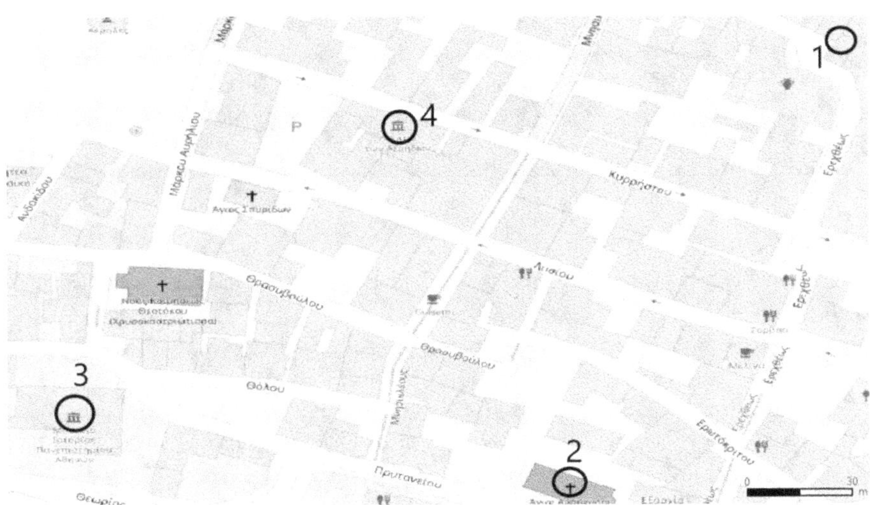

1.Palazzo Benizelos 2.Santi Anarghyri Kolokynthi 3.Museo dell'Università di Atene
4.Bagno ottomano

14. L'ultimo bagno dell'epoca ottomana ad Atene

Sotto la via Tholou e parallela ad essa si trova la via Kyrristou. Qui troverete l'ultimo bagno rimasto dell'Atene ottomana. Ora è un museo da visitare.

Bagno ottomano. La parte posteriore con le finestre in vetro

Non lasciatevi ingannare dalla facciata neoclassica. Come in molti altri edifici (come abbiamo visto), è stata aggiunta dopo l'Indipendenza. Sul retro, potete vedere le finestre in vetro del tetto, rivelando che questo edificio non è esattamente ciò che sembra essere.

I bagni erano un luogo importante di interazione sociale per le donne dell'epoca ottomana, che non avevano altre occasioni di uscire di casa. La visita al bagno era quindi un rituale. I "loutrikia" o "loutrika", il totale degli oggetti usati dalla sposa nel bagno, sono spesso menzionati nei doni di nozze dello sposo alla sposa. Due donne britanniche, Lady Cravin e Lady Elgin, scrivono impressionate dalle donne greche e turche voluttuose dai corpi paffuti che mangiavano kataifi, bevevano bevande rinfrescanti, cantavano e ballavano suonando il tamburello, la chitarra e l'oud. In caso di lotta, zoccoli e coppe appartenenti ai "loutrikia" venivano lanciati agli avversari.

Bagno ottomano. La facciata

15. Il Foro Romano

La via Kyrristou prende il suo nome dall'orologio vicino di Kyrristos, meglio conosciuto come la Torre dei Venti. L'Horologion di Kyrristos, appena fuori dal Foro Romano, fu costruito dall'astronomo Andronico nel I secolo a.C. I venti sono scolpiti sui lati. All'esterno c'erano quadranti solari, mentre all'interno c'era un orologio idraulico. L'orologio idraulico funzionava così: c'erano due serbatoi su due livelli. L'acqua dalla sorgente Clepsydra sull'Acropoli raggiungeva il serbatoio superiore e da lì quello inferiore dove c'era un galleggiante collegato a una catena di bronzo. Salendo con il livello dell'acqua, spostava la catena, che metteva in moto il meccanismo dell'orologio al centro della torre. Ogni 24 ore, l'orologio veniva regolato svuotando il piccolo serbatoio.

La Torre dei Venti fu trasformata all'inizio dell'era cristiana in una chiesa o battistero di una chiesa vicina. Nel XV secolo, Ciriaco d'Ancona la cita come il tempio di Eolo, mentre un viaggiatore anonimo la cita come chiesa. Nel XVIII secolo, fu usata come tekke, cioè luogo di incontro dei dervisci. I dervisci sono asceti musulmani che praticano danze mistiche rituali, in cui possono girare incessantemente per lungo tempo. I dervisci usarono il monumento fino al 1828 e impedirono a Lord Elgin di portarlo via con le sculture dell'Acropoli, come aveva intenzione, poiché lo consideravano sacro.

Il Foro Romano, risalente all'epoca di Augusto, è stato per secoli il centro commerciale della città, poiché il mercato del grano, cuore dell'Atene ottomana, si trovava anche lì. Vedrete un colonnato a forma di U, con un'entrata (la Porta di Atena Archegetis). Dall'altra parte, ci sono piccole case neoclassiche, tipiche di Plaka. Ma ciò che ha bisogno di spiegazione è l'unica cosa impossibile da indovinare.

L'edificio apparentemente a forma di U era un rettangolo chiuso, con un cortile interno e un colonnato lungo i suoi quattro lati interni. Per strano destino, la parte meridionale è stata preservata, mentre la parte settentrionale è completamente scomparsa. Al suo posto, sono state costruite delle case, sostituite più volte da allora. Quelle che vediamo oggi risalgono al XIX secolo.

Ciò che è accaduto rende la comprensione dell'Atene moderna più difficile di quanto si possa pensare. Perché qualcosa di simile è accaduto anche all'edificio che si trovava accanto e parallelo al Foro Romano: la Biblioteca di Adriano, che era un rettangolo simile al Foro, sebbene molto più lussuoso. Aveva anche un cortile interno con un colonnato lungo i suoi lati. In effetti, è stato costruito dall'imperatore Adriano in contropartita all'edificio più antico.

Ciò che esattamente non potete vedere oggi. Perché la Biblioteca di

Adriano ha perso la sua parte meridionale, esattamente quella vicina al Foro Romano. Anche qui, le case hanno preso il posto del monumento un tempo grandioso; le case che vedete dietro a quelle di fronte al colonnato del Foro. Pertanto, oggi, invece di avere due rettangoli paralleli l'uno all'altro e di dimensioni simili, abbiamo due edifici a forma di U di fronte al gruppo di case che li separano. Capirete meglio questo quando vi sposterete alla Biblioteca di Adriano. Ma prima di farlo, ci sono due attrazioni trascurate che meritano uno sguardo.

Il Foro Romano. In primo piano, il colonnato residuo e sullo sfondo, da sinistra a destra, le case che separano le rovine del Foro da quelle della Biblioteca di Adriano, la moschea ottomana Fethiye e la Torre dei Venti dell'epoca romana

photo by Denis Roudenko

16. La Madrasa

L'entrata della Madrasa, unica parte rimasta di questa scuola religiosa musulmana

La prima è la Madrasa, o meglio ciò che ne rimane. Era una scuola religiosa musulmana sotto gli Ottomani. Dopo l'Indipendenza, è stata trasformata in prigione, accelerando così il suo declino. Così, è stata demolita all'inizio del XX secolo. Quello che rimane è solo l'entrata, ma merita uno sguardo, poiché presenta motivi decorativi originali, rendendola uno spettacolo molto diverso dagli altri.

Il Foro Romano e, a destra, la Torre dei Venti. Si può distinguere la Madrasa sullo sfondo

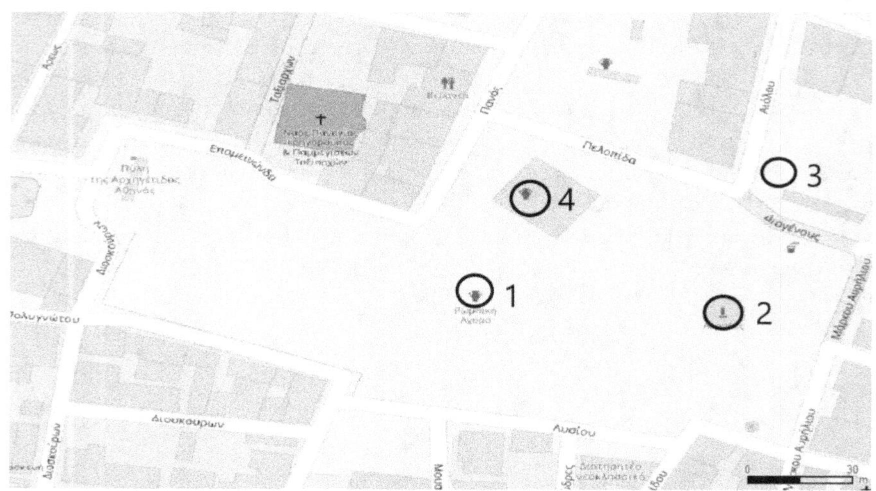

1.Foro Romano 2.Torre dei Venti 3.Madrasa 4.Moschea Fethiye

17. La moschea Fethiye

La moschea Fethiye, costruita sulle rovine di una basilica bizantina

Subito accanto alla Madrasa e nel sito archeologico del Foro Romano si trova la moschea Fethiye (moschea del Conquistatore). Il suo nome deriva da una tradizione secondo cui è stata costruita dal sultano ottomano Maometto il Conquistatore, lo stesso che ha conquistato Costantinopoli, quando ha conquistato Atene nel 1456. Tuttavia, ricerche recenti hanno rivelato che risale al XVII secolo. In ogni caso, è interessante come testimonianza di un passato oscuro, tanto più che è stata costruita sui resti di una basilica bizantina, visibili intorno all'edificio.

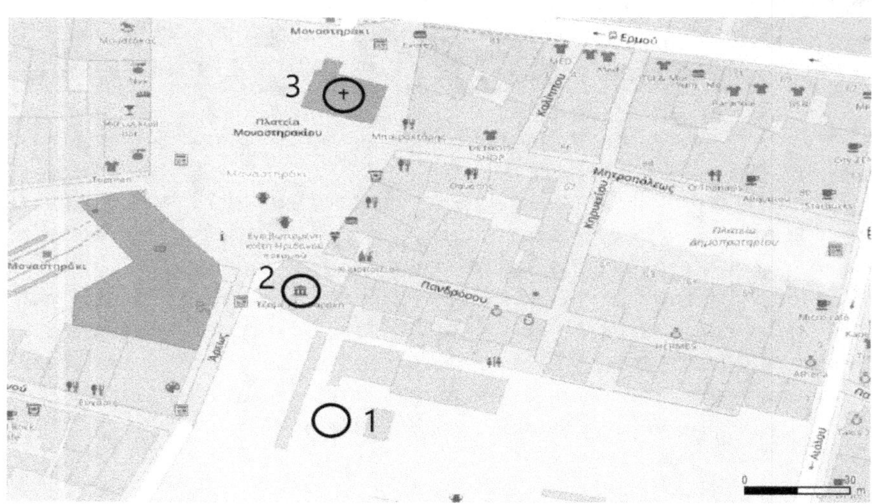

1.Biblioteca di Adriano 2.Moschea di Tzistarakis 3.Monastiraki (Pantanassa)

18. La Biblioteca di Adriano e la chiesa sulla scalinata

La Biblioteca di Adriano. Sul muro appena a sinistra dell'ingresso, rimane un affresco della chiesa bizantina di Sant' Asomatos sulle scale. Sullo sfondo, la moschea di Tzistarakis

Dopo questo, potete spostarvi alla Biblioteca di Adriano e vedere di persona il rapporto che aveva con il Foro Romano. La Biblioteca di Adriano, costruita nel 132 d.C., era uno dei regali dell'imperatore romano alla città che amava, in quanto grande ammiratore della civiltà greca. L'edificio seguiva la disposizione tipica di un foro romano, con un'unica entrata dotata di un propileo di ordine corinzio, un alto muro di cinta con nicchie sporgenti sui lati lunghi, un cortile interno circondato da colonne e una vasca decorativa oblunga al centro. La biblioteca si trovava sul lato est. Le stanze adiacenti fungevano da sale di lettura e gli angoli da sale conferenze. La biblioteca fu gravemente danneggiata durante l'incursione degli Eruli nel 267 d.C. e riparata dal prefetto Herculius nel 407-412 d.C. Nel V secolo, è stato costruito un edificio a pianta quadrilobata di una chiesa paleocristiana al centro del cortile porticato. Dopo la sua distruzione, una basilica a tre navate fu eretta sulle sue rovine nel VII secolo, sostituita a sua volta dalla chiesa a navata singola di Megali Panaghia, nell'XI secolo.

Durante l'epoca ottomana, sulle sue rovine fu costruito il Voïvodalik, la residenza del voivoda. Sotto il re Otto, divenne una caserma e successivamente fu demolito per far apparire la biblioteca.

Nel XII secolo, la chiesa di Sant' Asomatos (Arcangelo Michele), una chiesa molto piccola, fu costruita contro la facciata della biblioteca, a sinistra dell'ingresso. Poiché fu costruita sulle scale della biblioteca, era conosciuta come "Aghios Asomatos sta skalia" (Sant' Asomatos sulle scale). Era un eccellente esempio di come i monumenti antichi fossero visti in modo utilitario nel Medioevo. Il muro rimasto in piedi della biblioteca in rovina costituiva un ottimo sfondo per la costruzione della chiesa, risparmiando materiali, denaro e tempo, poiché dovevano essere costruiti solo tre muri. Nel XIX secolo, quando i monumenti antichi erano considerati assolutamente superiori ai monumenti successivi, la chiesa fu demolita. Ma l'affresco sullo sfondo può ancora essere visto sul muro della biblioteca, come un affascinante esempio della storia stratificata di questa città.

Quattro strati di storia. Dal primo piano allo sfondo: la Biblioteca di Adriano, la moschea di Tzistarakis e la chiesa bizantina dell'Assunzione della Vergine (Pantanassa), con il suo campanile neoclassico

19. La moschea di Tzistarakis

Moschea di Tzistarakis

Proprio accanto alla Biblioteca di Adriano, nella piazza Monastiraki, si trova la moschea di Tzistarakis, oggi Museo della Ceramica. È stata nominata così dal governatore di Atene nel XVIII secolo, che l'ha fatta costruire. È interessante notare la differenza di questo edificio rispetto ai dettagli eleganti della moschea Fethiye, molto meno raffinata, del XVII secolo. Ora, l'Impero ottomano è influenzato dal classicismo occidentale e gli elementi decorativi dell'edificio riflettono chiaramente questa evoluzione.

Si dice che Tzistarakis abbia fatto fondere in un forno una colonna del tempio di Zeus Olimpico per ottenere calce di buona qualità per la sua moschea. Ciò ha scatenato la rabbia degli ateniesi, che credevano che demoni si nascondessero sotto i monumenti antichi. Ne è seguita un'epidemia fatale e gli ateniesi pensarono che fosse causata dai demoni liberati dalla distruzione della colonna. Questo ha esaurito la loro pazienza, poiché avevano sofferto molto a causa di Tzistarakis. Quindi denunciarono la sua arbitrarietà al sultano e Tzistarakis fu deposto. Ciò ha rafforzato la credenza nella sfortuna provocata dalla distruzione dei monumenti.

Le immagini intorno alla moschea di Tzistarakis dimostrano la sopravvivenza del bazar orientale che si trovava esattamente lì, una continuazione del mercato antico rappresentato dal Foro Romano e l'Agorà Antica, situati proprio accanto. In effetti, è sempre stato il cuore commerciale (e non solo) di Atene.

Il nuovo piano di Atene ha tenuto conto di questa realtà, poiché la Piazza Monastiraki è il punto di intersezione della base e della bisettrice del triangolo che forma la spina dorsale della nuova città (vedete la pianta sopra).

20. Monastiraki, il Grande Monastero diventato Piccolo

Se il nome di questa piazza, che significa "piccolo monastero", vi sorprende, la risposta si trova di fronte alla moschea. La chiesa dell'Assunzione della Vergine (Pantanassa), risalente al X secolo, faceva parte di un monastero noto come Mega Monastiri (grande monastero). Quando un incendio distrusse l'intero complesso, risparmiando solo la chiesa, il nome cambiò in Monastiraki (piccolo monastero).

Oltre a ciò, la chiesa è interessante come un eccellente esempio delle molteplici stratificazioni di questa città. Il livello della chiesa, molto più basso rispetto a quello della piazza, testimonia i continui disastri che hanno sempre lasciato rovine, sulle quali la città è stata ricostruita ancora e ancora. Pertanto, il livello di ogni monumento rivela la sua età.

Per corroborare ciò, basta guardare attraverso le coperture di vetro della piazza verso il basso. Allora, vedrete il fiume Eridano, che scorre sotto la piazza e fu trasformato in un canale dai Romani. Se scendete alla stazione della metropolitana di Monastiraki proprio sotto, potrete vedere la sua interessante rete.

Monastiraki. Una chiesa del X secolo con un campanile neoclassico

21. Santa Eleusa: da una chiesa a un palazzo di giustizia

La Biblioteca dell'Arcidiocesi di Atene. Chi potrebbe immaginare che nasconda una chiesa al suo interno?

Se si va oltre la Piazza Monastiraki e si attraversa la via Ermou (Hermes), la base del triangolo, e un po' a sinistra, dalla via Athinas (Atena), la bisettrice del triangolo, ci si troverà in via Aghias Eleousis, nel quartiere di Psyrri. Lì, vedrete la Biblioteca dell'Arcidiocesi di Atene. In precedenza, era le Assise, opera di Christian Hansen, architetto danese del XIX secolo, che ha anche progettato l'Università di Atene.

Ciò che è particolarmente interessante e originale di questo edificio, giustificandone l'inclusione in questa lista, è che è risultato dalla conversione della chiesa post-bizantina di Santa Eleusa (Vergine Maria della Misericordia), forse risalente al XVII secolo. Il suo coro esiste ancora nella parte posteriore dell'edificio e può essere visto entrando.

Un'altra caratteristica molto particolare è che il portale d'ingresso copia il portale del portico nord dell'Eretteo. Poiché questo edificio risale al 1835, subito dopo che Atene è diventata la capitale della Grecia, è il primo tentativo di copiare i monumenti antichi negli edifici moderni. Ciò gli conferisce un'importanza storica particolare.

Accanto a Santa Eleusa, al numero 14 di via Aghias Theklas, si trovava la casa di Teresa Makri. Teresa o Theresia Makri era una bella donna ateniese, la maggiore delle tre figlie di Prokopios Makris, console della

Grande Bretagna. È nata nel 1797 e è stata battezzata a Santa Eleusa, la chiesa parrocchiale della sua famiglia. Da adolescente, Teresa, che aveva solo tredici anni, incontrò Lord Byron nel 1810. Sua madre, vedova, guadagnava da vivere affittando camere ai viaggiatori. Il soggiorno di tre mesi di Byron è stato accompagnato da una storia d'amore. Il poeta si innamorò follemente di Teresa, che divenne la sua musa. Per lei, scrisse il poema "The Maid of Athens".

Nel 1829, Teresa sposò l'ufficiale inglese James Black, con cui ebbe quattro figli. Teresa era di una bellezza sbalorditiva, molto istruita. Parlava lingue straniere e ha pubblicato un dizionario a Corfù, dove la sua famiglia si era rifugiata durante la Rivoluzione. Alla fine della sua vita, ha avuto giorni difficili. Nel 1872, il compositore francese Charles Gounod ha composto un'opera intitolata "Vierge d'Athènes", inviando a Teresa tutti i proventi del concerto per aiutarla. Teresa è morta ad Atene nel 1875. Il Museo Benaki conserva il suo fez rosso con il nappo d'oro accanto a una scrivania di Byron.

Biblioteca dell'Arcidiocesi di Atene. Il portale d'ingresso riproduce l'Eretteo

1.Monastiraki (Pantanassa) 2. Biblioteca dell'Arcidiocesi di Atene

48

22. Accademia di Atene. L'eccezione nella lista

La parte centrale dell'Accademia di Atene riproduce il portico nord dell'Eretteo, segnando l'apice dell'architettura neoclassica in Grecia

Noterete senza dubbio che questa attrazione è molto diversa dalle precedenti. Infatti, è l'edificio neoclassico più imponente di Atene. Ma è proprio questo che vi mostrerà il grande cambiamento che la capitale greca ha subito nei 50 anni che separano questo edificio dal precedente. Il primo è caratteristico di un paese povero che lotta per diventare membro della famiglia europea e avvicinarsi alle sue radici antiche. Così, potevano copiare solo una parte dell'ingresso dell'Eretteo. L'ultimo è una testimonianza orgogliosa dei grandi progressi compiuti con molti sforzi. Pertanto, qui è stato copiato l'intero Eretteo, con la sua costruzione in marmo elaborata e lussuosa e il suo decoro sontuoso e splendente. Non poteva esserci un miglior esempio dell'evoluzione del paese e della città in mezzo secolo.

Accanto all'Accademia, lungo un asse che delimita i confini tra la vecchia e obsoleta città (ai tempi) e la nuova moderna capitale europea, vedrete molti altri maestosi edifici neoclassici. E qui inizia il nostro secondo itinerario...

23. La città moderna di Atene
L'"Asse Monumentale" e la sua relazione con le antichità

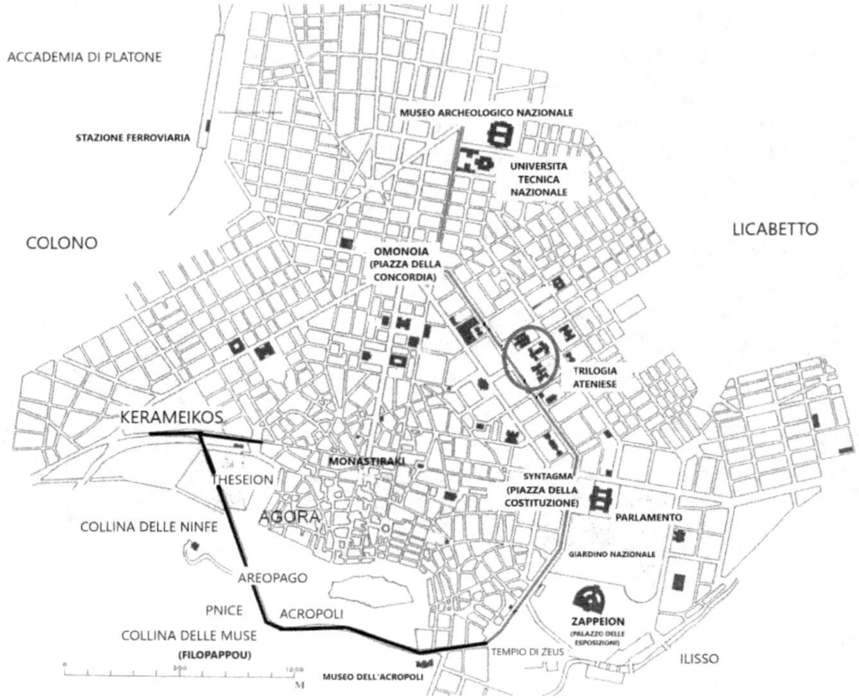

Atene nel XIX secolo (disegnato dall'autore). L'"Asse monumentale", indicato dalla linea grigia nella parte destra della pianta, è l'itinerario proposto nel caso in cui desideriate scoprire i principali monumenti dell'Atene neoclassica, la città moderna creata a partire dal 1833 come capitale del nuovo Stato greco. La linea nera nella parte inferiore e sinistra della pianta indica la "Grande Passeggiata", l'area pedonale creata nel 2001-2004 per collegare i siti archeologici di Atene. Tutti questi siti sono indicati qui in lettere regolari. I siti e gli edifici dell'Atene moderna sono indicati in caratteri grassetto

Questo capitolo propone un percorso che inizia approssimativamente dallo stesso punto del precedente, precisamente al crocevia tra le vie Amalias e Dionysiou Areopagitou (dove la linea grigia incontra la linea nera nella pianta). Questa volta esploreremo la città neoclassica creata a partire dal 1833, estensione della vecchia città che abbiamo scoperto in precedenza. Questa città moderna sarebbe la capitale del nuovo Stato greco, fondato nel 1830. I principali monumenti che vi propongo di vedere per avere una visione completa sono i seguenti: il palazzo delle esposizioni Zappeion, vicino al viale Amalias, il Parlamento in piazza Syntagma, all'incrocio tra il viale Amalias e la via Panepistimiou, la Trilogia Ateniese, via Panepistimiou (Accademia di Atene, Università di Atene, Biblioteca Nazionale), e i due edifici della via Patision, ovvero, la Politecnica e il Museo Archeologico Nazionale. Queste tre vie, Amalias, Panepistimiou e Patision, formano quello che viene chiamato a volte l'"Asse Monumentale" di Atene. Alla fine di questo percorso, potrete visitare il Museo Archeologico Nazionale, che ospita la più grande collezione di arte greca antica al mondo.

Ed ora vediamo come questo "Asse Monumentale" è stato creato e cosa lo rende unico nella sua creazione... Gli edifici neoclassici monumentali di Atene, sebbene rappresentino volumi infinitesimali nell'enorme metropoli di oggi, a differenza della loro dominanza completa all'epoca della costruzione, non hanno perso il loro potere simbolico come elementi principali del panorama urbano della capitale greca. Tuttavia, mentre i piani iniziali prevedevano una distribuzione molto equilibrata degli edifici monumentali della capitale all'interno del tessuto urbano, secondo tutti i principi razionali del loro tempo, la situazione attuale mostra uno spostamento molto netto di questi edifici lungo l'asse sopra menzionato. Ciò include la maggior parte degli edifici monumentali della capitale greca: via Patision, il Museo Archeologico Nazionale e la Politecnica; via Panepistimiou (ora ufficialmente Eleftheriou Venizelou), il Consiglio di Stato (ex scuola Arsakeion per ragazze), la Biblioteca Nazionale, l'Università, l'Accademia di Atene, la cattedrale cattolica di San Dionigi, il Museo Numismatico (ex residenza del famoso archeologo Heinrich Schliemann e il più lussuoso edificio privato dell'Atene del XIX secolo), la Banca di Grecia; viale Amalias, il Parlamento (ex Palazzo Reale) con il Giardino Nazionale e il palazzo delle esposizioni Zappeion.

Questo passaggio da una disposizione triangolare a una disposizione lineare è il risultato di un processo che riflette l'essenza della creazione dell'Atene moderna, dopo l'Indipendenza: uno sforzo per soddisfare i due obiettivi principali stabiliti nel processo di creazione del nuovo Stato greco: il ricollegamento con il passato antico e l'ingresso nella famiglia delle nazioni civilizzate dell'Europa occidentale. Cioè, sostituire la città provinciale ottomana con una moderna capitale europea, ma allo stesso tempo approfittare della presenza dei suoi monumenti antichi di fama internazionale e creare una città unica al mondo.

Il Palazzo delle Esposizioni Zappeion (1873-1888), di Theophil Hansen. Qui sotto, il peristilio della corte interna

Il Palazzo Reale di Atene (1836-1842), di Friedrich von Gärtner, in piazza Syntagma (Costituzione), in un'incisione del XIX secolo. Ora ospita il Parlamento

L'Accademia di Atene (1859-1885), di Theophil Hansen, parte della "Trilogia Ateniese". L'istituzione culturale suprema della Grecia

Qui sopra, l'edificio antico dell'Università di Atene (1839-1864), di Christian Hansen, che ospita oggi solo il rettorato. L'edificio più antico della "Trilogia Ateniese". Qui sotto, l'edificio antico della Biblioteca Nazionale (1885-1902), di Theophil Hansen, anch'esso parte della "Trilogia Ateniese". Ora la Biblioteca Nazionale è ospitata nel complesso della Fondazione Stavros Niarchos, una delle istituzioni culturali più importanti della Grecia moderna, che vi consiglio di visitare

L'Università Tecnica Nazionale di Atene, o Politecnico (1862-1876), una delle istituzioni di istruzione superiore più importanti in Grecia, fondata nel 1837

Secondo questo concetto, ogni edificio importante ad Atene doveva essere un monumento degno delle rovine dell'Antichità classica. Ciò significava che doveva avere la migliore relazione nello spazio con questi monumenti e siti di grande valore storico, nonché la migliore vista su di essi, soprattutto perché i monumenti antichi erano anche i prototipi stilistici dei monumenti moderni. Quest'idea è stata naturalmente ben accolta da tutti, ma soprattutto dagli architetti, dagli archeologi e da altri studiosi entusiasti coinvolti nella ricostruzione di Atene. Ai loro occhi, ciò avrebbe contribuito alla gloria della città e al ricollegamento della Grecia al suo passato antico, cancellando la storia recente della "barbarie" e dell'"oscurantismo", come si considerava l'epoca del dominio ottomano.

Il Museo Archeologico Nazionale di Atene (1866-1889). Ospita la più grande collezione di arte greca antica al mondo

Atene ha una peculiarità che differenzia notevolmente il contesto della sua evoluzione urbana e architettonica da tutte le altre capitali europee, ad eccezione di Roma, naturalmente. Questa particolarità è l'esistenza delle antichità classiche, che comprendono monumenti di valore artistico supremo. Fino alla metà del XVIII secolo, mentre tutti i percorsi del Grand Tour degli Europei portavano i loro passi a Roma, la loro conoscenza dell'Antichità avveniva attraverso il "filtro" romano. Tuttavia, dopo la pubblicazione del libro "Antiquities of Athens" ("Antichità di Atene") da parte dei britannici James Stuart e Nicholas Revett nel 1762, che sono stati i primi a studiarle sistematicamente, le antichità greche sono diventate per la prima volta ampiamente conosciute e hanno suscitato l'interesse degli appassionati di antichità europei. Questo coincise con la pubblicazione nel 1764 dell'opera principale dello storico dell'arte tedesco Johann J.

Winckelmann, "Geschichte der Kunst des Alterthums" ("Storia dell'Arte nell'Antichità"), che sostenne la nuova idea per l'epoca che le antichità greche erano di pari valore, se non superiori, alle antichità romane e giocò un ruolo decisivo nella loro progressiva rivalutazione.

Statua in bronzo di Zeus o Posidone dell'Artemision. Museo Archeologico Nazionale di Atene, CC0, tramite Wikimedia Commons

L'evoluzione di questo processo, realizzato al momento dell'indipendenza greca, ha portato alla convinzione che ogni attività di costruzione nella città moderna di Atene, derivante dalla trasformazione della città medievale, potesse solo prendere seriamente in considerazione l'esistenza, la posizione, la scala e lo stato di conservazione di queste antichità, facendone dipendere tutti i nuovi edifici monumentali.

Questa convinzione ha trovato l'occasione per esprimersi dal dicembre 1834, quando Atene è diventata la nuova capitale, sostituendo la capitale provvisoria, Nauplia. Questa nuova capitale è stata scelta proprio a causa delle sue antichità, contrariamente a tutti gli argomenti pratici che avrebbero portato a scegliere qualsiasi altra città tranne Atene, che aveva il minor numero di qualifiche geografiche e finanziarie per assumere questo ruolo. Inoltre, tra le molteplici soluzioni alternative riguardo alla posizione esatta della nuova città, la scelta finale era esattamente quella che la collegava nello spazio in modo più saldo al suo predecessore antico, contro ogni considerazione pratica.

Il re di Grecia appena nominato, che ha trasferito la sua corte ad Atene, era Otto, il figlio minore del re Ludovico I di Baviera. Il padre di Otto potrebbe essere stato il più grande appassionato dell'Antichità tra tutti i sovrani europei del suo tempo, come suggerisce il suo vasto programma di costruzione neoclassica a Monaco e le sue ricche collezioni di arte greca antica. La scelta di suo figlio per il trono greco da parte delle grandi potenze ha quindi naturalmente intensificato l'influenza particolarmente intensa del classicismo tedesco in Grecia. Questo fatto ha rafforzato il ruolo decisivo delle antichità nella creazione della capitale.

I primi decenni dello Stato greco indipendente sono caratterizzati da un intenso idealismo in ogni progetto, senza alcun legame con la realtà materiale del paese, ma basato su un'imminente espansione verso tutti i territori abitati dai Greci e, di conseguenza, su un cambiamento spettacolare delle sue condizioni. Questo idealismo si riflette anche nelle prime proposte per il piano urbanistico della nuova capitale.

Il primo piano ufficiale della città, realizzato nel 1833, è stato commissionato dal governo greco all'architetto greco Stamatios Kleanthes e al suo collega tedesco Eduard Schaubert. In questo documento, la pianificazione della città moderna mostra un totale rispetto delle antichità, anche se non sappiamo se fosse una richiesta del governo o se l'hanno deciso autonomamente. In ogni caso, i due architetti arrivano persino a proporre la demolizione di una parte significativa della città dell'epoca ottomana, a favore dell'area archeologica, come specificano nel loro Memorandum. Nel loro piano, l'intera zona tra l'Acropoli e la Biblioteca di Adriano, che era densamente costruita nell'epoca pre-rivoluzionaria, appare non edificata. Per quanto riguarda la rete stradale, dipende chiaramente dalle antichità e dai siti antichi. Pertanto, la bisettrice del triangolo urbano, ovvero la via Atena (Athinas), collega il Palazzo Reale all'Acropoli e all'Agorà Antica. La via dello Stadio (Stadiou), il lato destro del triangolo, collega il Palazzo Reale allo Stadio Panathinaiko, mentre la via del Pireo (Pireos), il lato sinistro, assicura il collegamento con il porto antico omonimo di Atene.

È da notare che, ad eccezione del Palazzo Reale, nessun altro edificio pubblico si trova sugli assi visivi del piano. Qui, le antichità diventano "punti di vista", svolgendo il ruolo tenuto in altre capitali dagli edifici pubblici. Questi ultimi mantengono una netta distanza dai monumenti antichi, anche se sono di gran lunga più grandi. Inoltre, il piano dei due architetti manca di costruzioni monumentali completamente nuove come archi di trionfo, ecc., confermando il loro rispetto per le antichità. Tuttavia, l'intensa simmetria del piano mostra chiaramente che i due architetti non hanno preso in considerazione né l'inclinazione del terreno verso sud-ovest, né la concentrazione della maggior parte dei siti storici nella stessa direzione rispetto al nucleo storico della città.

L'architetto tedesco Alexander Ferdinand von Quast, che ha formulato osservazioni sul progetto di Kleanthes e Schaubert e ha presentato la sua proposta, potrebbe essere il più idealista tra i professionisti che hanno espresso la loro opinione sulla creazione della città moderna. Anche se non ha mai messo piede nella capitale greca, ha dimostrato interesse, come molti dei suoi connazionali, per quello che considerava il rinascimento della città più gloriosa di tutti i tempi. Va detto che non aveva alcuna idea della situazione in cui si trovava l'oggetto della sua ammirazione nel suo tempo, come è stato il caso di molti visionari coinvolti nella creazione dell'Atene moderna.

Von Quast riteneva che la città moderna dovesse svilupparsi a qualche distanza dalla zona archeologica, lungo l'asse che collega la vecchia città al porto del Pireo a sud-ovest dell'Acropoli. Scriveva che gli edifici pubblici della nuova capitale dovrebbero essere concentrati il più possibile nello stesso luogo, al fine di creare un'impressione significativa. Li immaginava quindi ai piedi dell'Acropoli. Ha persino suggerito la creazione di un viadotto che collegasse la cattedrale sul tribunale antico dell'Areopago con i Propilei dell'Acropoli, cioè il potere religioso con il potere politico, poiché il Palazzo Reale sarebbe stato costruito sull'Acropoli, secondo il progetto di Carl Friedrich Schinkel. Von Quast ha collocato la cattedrale sull'Areopago, dove San Paolo aveva predicato. Come altri, immaginava le istituzioni culturali sulla riva dell'Ilisso. Naturalmente, ignorava lo stato deprecabile del fiume nel suo tempo.

Tuttavia, il progetto di Kleanthes e Schaubert richiedeva troppi fondi per essere realizzato, a causa delle espropriazioni che avrebbe comportato la creazione di strade così larghe e di giardini e piazze estese su terreni privati. Così, l'architetto bavarese Leo von Klenze, architetto ufficiale del re Luigi di Baviera, si è impegnato nel 1834 ad adattarlo alla realtà greca. Oltre a modificare la scala delle strade, dei giardini e delle piazze per minimizzare il costo delle espropriazioni, ha dato alle antichità un ruolo ancora più preminente e ha proposto una città di dimensioni tali da consentire loro di imporsi ovunque. Ha anche collegato direttamente il Palazzo Reale alle antichità e ha proposto la sua costruzione nella zona del cimitero antico del Ceramico, uno dei siti archeologici più sacri di tutta la Grecia. La residenza reale avrebbe così una relazione visiva diretta con l'Acropoli, il parlamento antico della Pnice, l'Areopago e il Giardino Reale, che includeva il Theseion (tempio di Efesto). Von Klenze ha anche spostato la cattedrale e ha introdotto i edifici culturali nella loro posizione attuale, stabilendo così una nuova gerarchia tra Dio, re e cultura di fronte all'Acropoli. È stato anche il primo a introdurre nel piano il viale che costituisce la parte centrale dell'"Asse Monumentale", conosciuta allora come Boulevard, oggi via dell'Università (Panepistimiou).

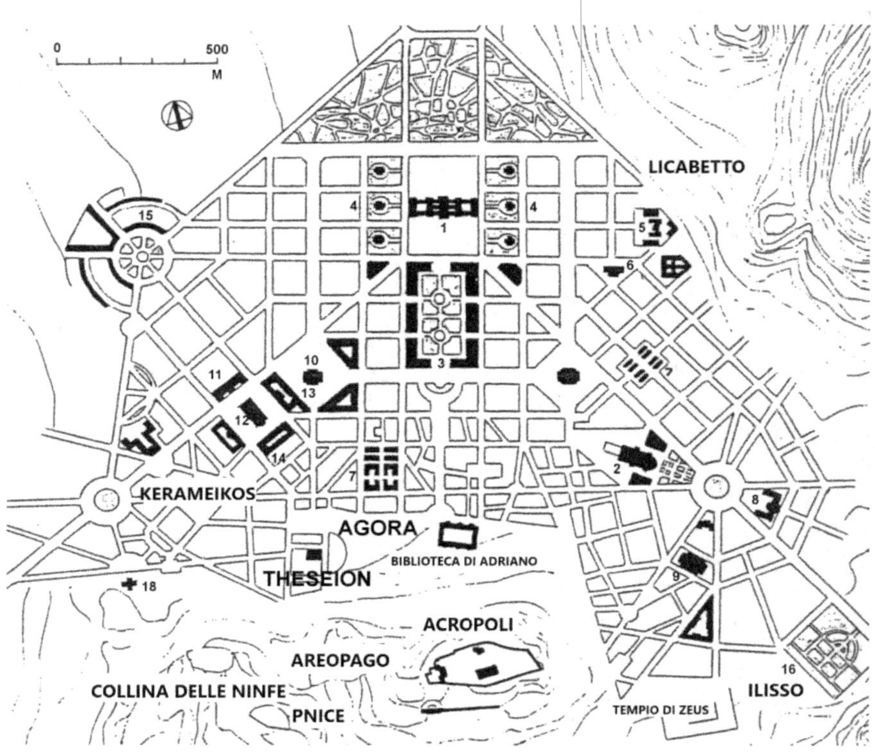

Il piano di Stamatios Kleanthes ed Eduard Schaubert per la nuova città di Atene (ridisegnato dall'autore, con l'aggiunta dei nomi dei luoghi): 1.Palazzo Reale 2.Cattedrale 3.Mercato centrale 4.Ministeri 5.Guarnigione 6.Zecca 7.Mercato 8.Accademia 9.Biblioteca 10.Borsa 11.Parlamento 12.Chiesa 13.Ufficio postale 14.Quartier Generale (?) 15.Frantoio 16.Orto botanico 17.Palazzo delle esposizioni 18.Osservatorio

Sembra che il progetto di von Klenze tenga molto più in considerazione le peculiarità del paesaggio ateniese, poiché la simmetria del piano iniziale è ora adattata ad esse. Tuttavia, anche il piano più semplice di von Klenze era troppo costoso da attuare, per le stesse ragioni del precedente. Di conseguenza, sono stati necessari diversi piani parziali che modificassero alcune parti del suo progetto in base alle esigenze e alle possibilità del momento. A differenza dell'esistenza di principi pratici anche nel primo piano direttore di Kleanthes e Schaubert, i progetti successivi per parti separate della città rivelano un desiderio intenso di posizionare le funzioni pubbliche importanti su siti di grande valore archeologico e storico, senza presentare un interesse equo per la funzionalità. Questo è evidente nella proposta di von Klenze per il Museo, che chiamò Pantechneion. Lo collocò nel 1835 nello stesso luogo che aveva precedentemente proposto per il Palazzo Reale, nel Kerameikos, accanto al tempio di Efesto (Theseion). La scelta dello stesso luogo per un edificio con una destinazione completamente diversa da quella che aveva proposto inizialmente è molto eloquente.

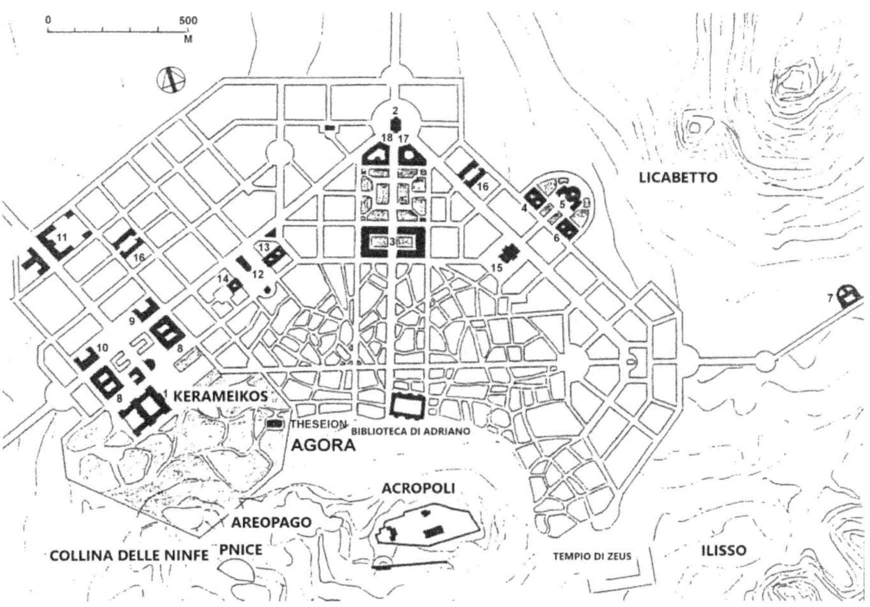

Modifica del piano di Kleanthes e Schaubert da parte di Leo von Klenze (ridisegnato dall'autore, con l'aggiunta dei nomi dei luoghi): 1.Palazzo Reale 2.Cattedrale 3.Mercato centrale 4.Accademia 5.Biblioteca 6.Università 7.Palazzo delle esposizioni 8.Ministeri 9.Senato 10.Parlamento 11.Campo militare 12.Chiesa 13.Ufficio postale 14.Prisone e polizia 15.Teatro 16.Mercati 17.Vescovado 18.Scuole

La preferenza per questo sito specifico insiste in modo impressionante. Molto più tardi, nel 1857, la stessa zona è stata scelta dal re Otto e dal governo per la costruzione dell'Accademia, con osservazioni entusiastiche sulle qualità del luogo, nessuna delle quali tuttavia pratiche. I sostenitori di questa scelta hanno sostenuto che la posizione era "emergente" e "estremamente sicura". Altri, tuttavia, consideravano un grande peccato la costruzione dell'Atene moderna sulle rovine della città antica. Inoltre, la

61

vicinanza dei monumenti classici avrebbe ridotto il valore architettonico dell'edificio. Tuttavia, lo stesso luogo è stato proposto nel 1865 per la costruzione del Museo Archeologico. Inoltre, la regina Amalia, moglie del re Otto, voleva inizialmente che il Giardino Reale, creato sotto la sua tutela, si estendesse fino al tempio di Efesto, nella stessa zona, ma si è ritirata a causa delle reazioni suscitate dall'esistenza di antichità, che sarebbero state minacciate.

Lo stesso problema è sorto con l'Osservatorio, che è stato costruito sulla collina delle Ninfe, nonostante le vive obiezioni dell'Accademia di Monaco. Come ha menzionato il professore dell'Università di Atene Georgios Vouris nel discorso pronunciato durante la cerimonia di fondazione dell'Osservatorio, il nuovo edificio era in costruzione vicino alla Pnice, dove il famoso astronomo antico Metone aveva il suo "eliotropio". Solo questo riferimento ci dà un'idea dell'emozione provocata da tali confronti e, soprattutto, dell'orgoglio che nessun'altra città al mondo poteva vantare un tale privilegio. Solo così si può capire l'inaccettabile insistenza, per noi, di costruire monumenti moderni accanto a quelli antichi.

Sembra che il fattore ideologico-simbolico fosse l'unico in grado di superare le difficoltà oggettive per la materializzazione dei progetti relativi all'ubicazione degli edifici pubblici, almeno quelli le cui funzioni potevano associarli a edifici antichi famosi e quindi conferire loro un intenso peso ideologico. Il caso più discusso è quello della cosiddetta Trilogia Ateniese, non a caso, poiché questo complesso (Università, Accademia, Museo prima e infine Biblioteca Nazionale) era destinato a includere le più grandi fondazioni culturali della capitale, che potevano così essere associate ai loro predecessori antichi equivalenti. Gli edifici che compongono questo complesso erano gli unici costruiti nel luogo previsto da tutti i piani urbani, sebbene in una combinazione diversa. La scelta del luogo non era affatto casuale, poiché era - come pensavano all'epoca - vicino all'antico Liceo, la scuola di Aristotele, vicino allo Stadio e a Ilisso, costituendo un riferimento diretto alla continuità storica tra le civiltà greche antica e moderna. Solo nel loro caso von Klenze ha posto limiti ai possibili cambiamenti nei suoi piani, scoraggiando il trasferimento delle fondazioni culturali dalla parte orientale della città. Inoltre, per assicurarsi che il complesso fosse completato, sono state imposte condizioni di costruzione particolari intorno ad esso. Ciò significa che gli unici edifici pubblici che hanno mantenuto la loro posizione iniziale dopo così tanti cambiamenti e nuovi piani locali erano esattamente gli edifici culturali, che hanno mantenuto il loro legame con il luogo presunto di una delle istituzioni culturali più famose dell'Antichità (che, tuttavia, è stata scoperta nel 1997 più a sud). Questo forse dimostra più di tutto la forza del fattore ideologico nell'ubicazione dell'architettura pubblica nella capitale greca.

Ci furono progetti che prevedevano la costruzione di edifici pubblici non solo nelle vicinanze delle antichità, ma talvolta addirittura sopra di esse, con le conseguenze negative attese. Il primo e più famoso caso è quello del progetto di Schinkel citato in precedenza. Nonostante la grande conoscenza e stima di Schinkel per l'Antichità classica, la sua proposta significava l'edificazione di un immenso complesso che, nonostante le sue assicurazioni contrarie, avrebbe praticamente eclissato e distrutto i monumenti antichi.

Tuttavia, una volta riconosciute le difficoltà pratiche dell'ubicazione di edifici pubblici nei siti archeologici, gli sforzi tendevano piuttosto ad assicurare loro la migliore vista su questi siti. In forse nessun'altra città al mondo, la questione della vista e dell'orientamento dei principali monumenti architettonici è stata posta così seriamente come ad Atene. Per i classicisti del XIX secolo, greci e stranieri, Atene era la città più privilegiata da questo punto di vista, possedendo un ambiente naturale di rara bellezza e simultaneamente associato a ricordi storici e mitologici unici al mondo.

La grande diversità del paesaggio ateniese, con la sua moltitudine di colline, lo rendeva estremamente sensibile alle interazioni umane. Come era stato riconosciuto, le colline svolgevano il ruolo di frontoni o cornici per i monumenti: se i monumenti erano troppo piccoli, scomparivano, se erano troppo grandi, schiacciavano gli elementi del paesaggio. Una volta riconosciuto il carattere unico del paesaggio ateniese, i creatori della nuova capitale volevano metterlo in risalto e associargli edifici monumentali.

Fin dall'inizio, lo sforzo di collegare l'architettura monumentale di Atene al suo paesaggio storico è diventato evidente. Naturalmente, questo desiderio era più intenso nel caso del Palazzo Reale, a causa del suo grande valore simbolico in un regime di monarchia assoluta. La vista tra le colonne del Partenone era una delle ragioni per cui von Quast approvava l'audace progetto di Schinkel.

L'architetto tedesco Friedrich Stauffert e l'archeologo tedesco Ludwig Ross hanno fatto osservazioni simili sulla vista dalla residenza reale del progetto di Kleanthes e Schaubert. Dalla collina dove si trovava il loro palazzo, si avrebbe avuto una vista sull'Acropoli, sull'Areopago, sulla collina delle Ninfe, sulla Pnice, sulla città moderna, sul Pireo, sulle isole di Egina e Salamina, sull'Oliveraia dove si trovava l'Accademia di Platone, e sulle montagne del Parnaso, del Licabetto e dell'Imetto.

Allo stesso modo, von Klenze scrive riguardo alla posizione proposta dal suo progetto che nessuna altra capitale europea offriva tali vantaggi per l'ubicazione di un palazzo reale, fornendo una descrizione completa di tutte le viste interessanti. Inoltre, sappiamo che la vista ha giocato un ruolo importante nella scelta del sito dove alla fine è stato costruito il Palazzo Reale, nell'attuale piazza della Costituzione (Syntagma). Come è stato osservato più volte, la posizione scelta offre la migliore vista possibile su tutti i siti storici del bacino dell'Attica, dall'Acropoli a Salamina e Egina (l'Attica è il dipartimento di Atene).

Tuttavia, oltre al Palazzo Reale, un interesse simile per l'orientamento verso questi siti si osserva anche nel caso di altri edifici pubblici. L'Università è chiaramente orientata verso l'Acropoli. Secondo il testo che accompagna la pubblicazione dei piani dell'Università nel 1851, "i più fortunati tra noi sono gli studenti di Atene", a causa dei siti storici che contemplano dalle Propilei dell'Università. È evidente che l'orientamento a sud-ovest fosse considerato il migliore, offrendo la vista più ricca, sia sul bacino dell'Attica che sul Golfo Saronico. Ciò era intensificato dall'inclinazione del terreno verso il letto del Cefiso, il fiume principale del bacino dell'Attica. L'ubicazione degli edifici pubblici di Atene mostra che questa vista era mirata nella maggior parte dei casi, a differenza dell'omogeneità del progetto di Kleanthes e Schaubert. Il palazzo delle esposizioni Zappeion è orientato più a sud, probabilmente perché le antichità più vicine sono le rovine del tempio di Zeus, in quella direzione.

Dai fatti sopra esposti, si può notare l'esistenza di un fattore molto particolare nel processo di creazione della città moderna di Atene nel XIX secolo, derivante dalla scoperta entusiastica dell'Antichità greca qualche decennio prima. Gli amanti dell'Antichità vedevano nella creazione della capitale del nuovo regno greco un'occasione unica per far rivivere l'oggetto delle loro visioni.

Purtroppo, questo desiderio, nato dall'intenzione di creare una capitale gloriosa, dovette essere scartato dallo sviluppo più prosaico possibile. La situazione finanziaria disperata del nuovo regno, unita alla sua mancanza di organizzazione, rendeva impossibile la realizzazione di qualsiasi progetto organizzato, poiché il governo non aveva denaro per acquistare i terreni necessari. Inoltre, le complicazioni sociali delle espropriazioni previste da tutti i progetti citati sopra erano troppo onerose per uno Stato con risorse così limitate. Il risultato fu che l'ubicazione finale di una parte molto importante degli edifici pubblici di Atene dipendeva spesso dalla disponibilità del terreno ovunque fosse possibile, indipendentemente da qualsiasi considerazione di vista, valore storico o vantaggi funzionali.

Tuttavia, gli edifici dell'"Asse Monumentale", rappresentando la rinascita del paese e richiamando il suo passato glorioso nel campo culturale, sembravano sfuggire a questa regola e seguire un percorso diverso, basato sui principi idealistici che loro erano particolarmente destinati. Più di questo, l'importanza loro attribuita è riuscita a sostituire la forma geometrica iniziale dell'organizzazione della nuova capitale, basata su principi di urbanistica razionale, con una forma diversa e lineare, soddisfacendo la loro connessione visiva con i loro prototipi antichi. Questo risultato è ancora visibile, poiché questi edifici costituiscono ancora la parte principale del patrimonio architettonico recente della capitale greca.

24. La "Grande Passeggiata"
Il collegamento dei siti archeologici di Atene
con la città moderna

Il terzo itinerario corrisponde a quello ufficialmente chiamato "Grande Passeggiata". È una zona pedonale che collega la maggior parte dei principali siti archeologici di Atene. Sebbene questi siti siano cronologicamente anteriori rispetto alla maggior parte dei siti presentati in precedenza, vengono presentati per ultimi. La ragione è che la "Grande Passeggiata" è stata creata solo all'inizio del XXI secolo, collegando siti che erano precedentemente "persi" nella trama urbana della città moderna e spesso difficili da trovare e accedere. L'immagine che presentano oggi è in gran parte il risultato di queste recenti interviste, motivo per cui questo libro consiglia questo ordine nella loro visita. Tuttavia, se preferite, potete seguire comunque la "Grande Passeggiata" e visitare questi siti archeologici prima di seguire gli altri due itinerari proposti.

Quando Atene è diventata la capitale della Grecia, era una città di soli 10.000 abitanti. Come abbiamo visto in precedenza, due architetti, Stamatios Kleanthes ed Eduard Schaubert, hanno intrapreso nel 1833 la creazione del piano di una città moderna accanto alla vecchia città. Secondo questo progetto, gran parte della vecchia città sarebbe scomparsa per consentire gli scavi necessari alla scoperta della città antica. In questa zona, sarebbe stato creato un vasto parco archeologico. Ma questo piano richiedeva fondi eccessivi per l'acquisto dei terreni necessari, quindi nel 1834, Leo von Klenze ha dovuto crearne uno nuovo, limitando l'area archeologica. Ha anche ridotto il collegamento tra i monumenti antichi e i siti archeologici con la città esistente, preferendo una relazione più distante tra di loro.

Ma anche questo progetto è stato applicato con modifiche che limitavano ulteriormente la superficie dell'area archeologica e praticamente non collegavano i monumenti antichi alla città moderna. I monumenti antichi sono dovuti rimanere nascosti tra o sotto altri edifici per molti anni. Tuttavia, la questione del collegamento tra la città antica e quella moderna è rimasta viva attraverso molti libri, documenti pubblici e articoli di giornale dell'epoca, senza poter diventare una realtà, a causa dell'enorme finanziamento di cui aveva bisogno.

Nel frattempo, Atene è cresciuta sempre di più, con una popolazione che supera i 4.000.000 di abitanti, rendendo così l'evidenza della scomparsa dei monumenti antichi più evidente e la realizzazione del sogno del XIX secolo più difficile.

Tuttavia, nel 1985, è stato approvato il Piano Direttore di Atene, delineando gli assi fondamentali del suo futuro sviluppo. Questi includevano la creazione di un parco archeologico e il miglioramento della qualità della vita attraverso la riqualificazione di aree trascurate. Questo parco archeologico nel centro della città, un grande museo all'aperto, comprende i monumenti antichi e bizantini più famosi, la vecchia città e altri edifici, piazze, assi e zone di carattere storico. Tutto ciò è collegato dalla "Grande Passeggiata".

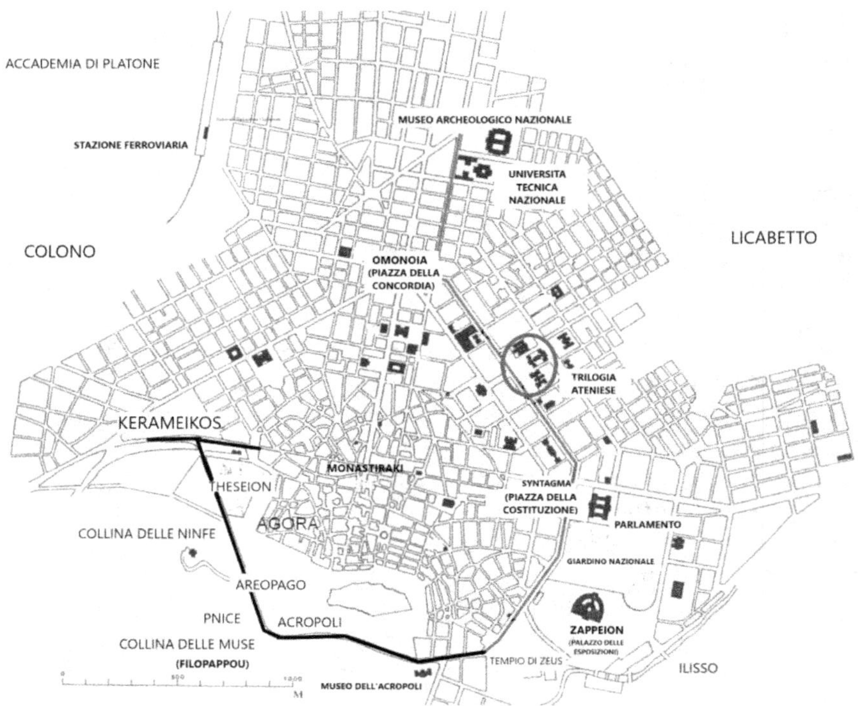

Atene nel XIX secolo (disegnato dall'autore). Oggi è circondata da un'immensa area urbana che costituisce la moderna metropoli. La linea nera nelle parti inferiore e sinistra della mappa è la "Grande Passeggiata", la zona pedonale creata tra il 2001 e il 2004 per collegare i siti archeologici di Atene. Tutti questi siti sono indicati in lettere regolari. I siti e gli edifici dell'Atene moderna sono indicati in grassetto. L'"Asse Monumentale", indicato dalla linea grigia nella parte destra della mappa, è l'itinerario proposto nel caso voi desiderate scoprire i principali monumenti dell'Atene neoclassica, la città creata come capitale dello Stato greco appena fondato

La "Grande Passeggiata" riguarda la trasformazione delle vie San Dionigi (Dionysiou Areopagitou) e San Paolo (Apostolou Pavlou) in una zona pedonale, ma anche in un polo di intrattenimento, come lo era nell'Antichità quando fiancheggiava gli edifici culturali, l'Odeon di Pericle, il teatro antico di Dioniso e il teatro romano (Odeon di Erode Attico). Sono stati creati spazi aperti ad uso pubblico, punti di riferimento, viste sui principali siti archeologici, ecc. Questa zona pedonale consente una visita confortevole alla maggior parte del parco archeologico. Il rilievo del terreno e gli itinerari naturali, più o meno gli stessi dell'Antichità, sono stati evidenziati attraverso la densificazione o l'allegerimento della vegetazione di conseguenza. Sull'antica via San Paolo si trova il più grande belvedere dei siti archeologici, dall'Acropoli al tempio di Efesto (Theseion). L'attrazione moderna principale su questo asse è senza dubbio il nuovo Museo dell'Acropoli, che ha sostituito il vecchio museo obsoleto sulla collina dell'Acropoli.

Il nostro itinerario inizia nello stesso punto del precedente, ovvero all'incrocio tra le vie Amalias e Dionysiou Areopagitou, dove inizia la zona pedonale della "Grande Passeggiata". Di fronte, vedrete l'Arco di Adriano e il tempio di Zeus. Questi monumenti sono isolati dal resto dell'area a causa dell'esistenza del viale Amalias. È previsto che la parte di via davanti al tempio diventerà sotterranea, consentendo un accesso diretto ai pedoni. Dietro al tempio (a sud-est) si trova l'unica parte visibile del secondo fiume di Atene, Ilissos, in una posizione splendida, accanto alla chiesa di Aghia Fotini.

L'Arco di Adriano

L'Arco di Adriano è un monumentale arco trionfale che ricorda un arco di trionfo romano. Si estendeva lungo una strada antica dal centro di Atene al complesso di strutture sul lato est della città. Si ipotizza che l'arco sia stato costruito per celebrare l'adventus (arrivo) dell'imperatore romano Adriano e per onorarlo per i suoi numerosi benefici verso la città, in occasione della dedica del tempio vicino a Zeus nel 131 o 132 d.C. Dato che Adriano era diventato cittadino ateniese quasi due decenni prima della costruzione del monumento, si è suggerito che le iscrizioni sull'arco lo onorassero come ateniese piuttosto che come imperatore romano. Non è certo chi abbia commissionato l'arco, anche se è probabile che siano stati i cittadini di Atene. Ci sono due iscrizioni sull'arco, rivolte in direzioni opposte, che nominano sia Teseo che Adriano come fondatori di Atene. Tuttavia, l'idea iniziale che l'arco segnasse la linea delle mura antiche della città, e quindi la divisione tra i quartieri antichi e quelli nuovi della città, è stata dimostrata falsa da nuovi scavi.

L'Arco di Adriano

Il tempio di Zeus

Il Tempio di Zeus. Sotto, Atene al tempo di Adriano secondo Jacob von Falke, *Hellas, das Leben der alten Griechen*, 1887, dominio pubblico {{PD-US-expired}}

Il Tempio di Zeus Olimpio, noto anche come Olimpieion o Colonne di

Zeus Olimpio, è un tempio colossale dedicato a Zeus "Olimpio", un nome che deriva dalla sua posizione di capo degli dei dell'Olimpo. La costruzione iniziò nel VI secolo a.C. sotto il dominio dei tiranni ateniesi, che volevano costruire il più grande tempio del mondo, ma fu completata solo durante il regno dell'imperatore romano Adriano nel II secolo d.C., circa 638 anni dopo l'inizio del progetto. All'epoca romana, il tempio, che contava 104 colonne colossali, era il più grande tempio della Grecia e ospitava una delle più grandi statue di culto del mondo antico. La gloria del tempio fu di breve durata, poiché cadde in rovina dopo essere stato saccheggiato durante l'invasione barbarica degli Eruli nel 267 d.C., circa un secolo dopo il suo completamento. Probabilmente non fu mai riparato e fu ridotto in rovine in seguito. Nei secoli successivi alla fine del mondo antico, fu utilizzato come cava per materiali da costruzione. Nonostante ciò, una parte significativa del tempio rimane oggi, in particolare sedici delle colonne colossali originali.

Lo Stadio Panathenaico (Kallimarmaro)

Il progetto della "Grande Passeggiata" include anche una futura connessione con lo Stadio Panathenaico, noto anche come Kallimarmaro, dove si sono svolti i primi Giochi Olimpici moderni nel 1896 dopo il suo restauro. Potete trovarlo seguendo il viale Olgas, tra il tempio di Zeus e il Palazzo delle Esposizioni Zappeion.

Lo Stadio Panathenaico, dove si sono svolte le Olimpiadi del 1896 dopo il restauro. Foto di RzlBrz007700 (pixabay.com), opera nel pubblico dominio

Il nuovo Museo dell'Acropoli. Esso contiene reperti esclusivamente provenienti dall'Acropoli, comprese le sculture dei templi sfuggite al saccheggio del Lord Elgin

I versanti nord e sud dell'Acropoli

Questa parte della "Grande Passeggiata" riguarda il collegamento delle pendici dell'Acropoli con altri siti e la valorizzazione dei numerosi monumenti antichi poco conosciuti che vi si trovano. Comprende anche la sistemazione delle aree di due importanti monumenti, l'Odeon romano di Erode Attico e soprattutto il teatro antico di Dioniso.

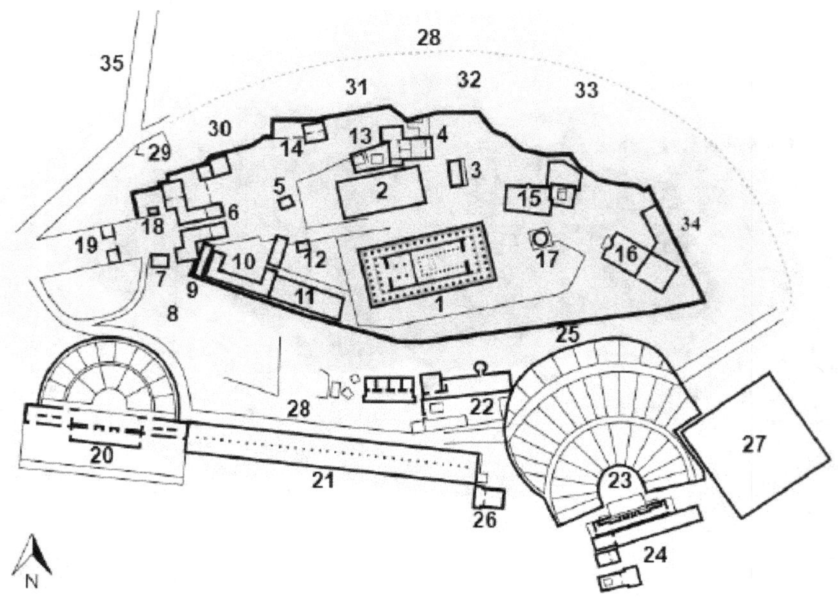

L'Acropoli di Atene e i suoi dintorni. Fonte: Tomisti, CC BY-SA 4.0 https://creativecommons.org/licenses/by-sa/4.0, tramite Wikimedia Commons

1.Partenone 2.Tempio di Atena Polias 3.Altare di Atena Polias 4.Eretteo 5.Statua di Atena Promachos 6.Propilei 7.Tempio di Atena Nike 8.Santuario di Afrodite Pandemos e Peitho 9.Muro pelasgico (muro miceneo) 10.Santuario di Artemide Brauronia 11.Chalkotheke 12.Santuario di Atena Ergane (posizione possibile) 13.Pandroseion 14.Arrhephoreion 15.Santuario di Zeus Polieus 16.Santuario di Pandione 17.Tempio di Augusto e Roma 18.Monumento di Agrippa 19.Porta Beulé 20.Odeon di Erode Attico 21.Stoà di Eumene 22.Asclepieion 23.Teatro di Dioniso 24.Santuario di Dioniso Eleuthereus 25.Monumento coregico di Trasillo 26.Monumento coregico di Nicia 27.Odeon di Pericle 28.Peripatos 29.Clepsidra 30.Grotte di Apollo Ipoakraios, Zeus Olimpio e Pan 31.Fontana micenea 32.Santuario di Afrodite ed Eros 33.Iscrizione di Peripatos 34.Aglaureion 35.Via Panatenaica

Il teatro di Dioniso

Se seguite la "Grande Passeggiata" dall'Arco di Adriano verso ovest, il primo sito che incontrerete sulla vostra destra è quello del teatro antico di Dioniso. È considerato il primo teatro al mondo, la culla della tragedia e della commedia dell'antica Grecia. Deve il suo nome a Dioniso, il dio del vino. Ogni anno ospitava le grandi feste dionisiache in suo onore. Inizialmente, era uno spazio per canti rituali, danze e sacrifici rituali che si trasformarono in rappresentazioni teatrali. Qui sono state create le famose tragedie classiche di Eschilo, Sofocle ed Euripide. Il teatro risale al V secolo a.C. Originariamente, era composto solo da un'orchestra di terra battuta e da un palco costruito in legno, e gli spettatori si sedevano sulla pendenza naturale del sito. Intorno al 420 a.C., furono costruite tribune in legno. La struttura in pietra che vediamo oggi, con gradini di pietra al posto di quelli in legno, fu creata sotto Licurgo tra il 338 e il 326 a.C. Il teatro aveva 78 file di sedili e poteva ospitare 17.000 spettatori. La prima fila (proedria) consisteva in 67 sedili in marmo con schienale, riservati a vari dignitari, magistrati, personalità e giudici di gara. Il koilon (spazio per gli spettatori) era disposto ad anfiteatro intorno all'orchestra, dove si svolgevano le danze e i canti del coro. Al centro dell'orchestra c'era un altare su cui venivano presentate offerte agli dei. Gli attori si muovevano sul proscenio, davanti all'edificio della scena.

Il Teatro di Dioniso. Foto di Jebulon, CC0, tramite Wikimedia Commons

L'Asclepieion

Immediatamente a ovest del teatro, potete visitare il santuario di Asclepio o Asclepieion. Dedicato ad Asclepio, dio della medicina il cui culto fu importato da Epidauro ad Atene dopo il 420 a.C., lo scopo del santuario era la guarigione dei malati. Presenta un recinto quadrato, un tempio e un portico (stoà) di ordine dorico, costituito da una doppia galleria separata da una fila di colonne, costruito nel IV secolo a.C. Successivamente, il nucleo dell'Asclepieion (stoà e tempio) fu integrato in una basilica paleocristiana. Il portico includeva una grotta, successivamente trasformata in cappella cristiana, con una sorgente ancora considerata curativa. Lavori di restauro sono stati effettuati negli anni 2010, per rendere i resti più chiari per i visitatori.

Architettura neoclassica lungo la "Grande Passeggiata", di fronte all'Acropoli

L'Odeon di Erode Attico

A ovest dell'Asclepieion si trova l'Odeon di Erode Attico, che domina l'estremità occidentale sul versante sud dell'Acropoli. Fu il terzo odeon costruito nell'Atene antica dopo l'Odeon di Pericle sul versante sud (V secolo a.C.) e l'Odeon di Agrippa nell'Agorà Antica (15 a.C.).

La costruzione del monumento nel II secolo d.C. fu finanziata da Tiberio Claudio Erode Attico, membro illustre di una importante famiglia ateniese e benefattore. Lo fece in memoria di sua moglie Regilla, deceduta nel 160 d.C.. La data esatta della costruzione è sconosciuta, ma sicuramente fu eretto qualche tempo dopo la morte di Regilla e prima del 174 d.C., quando il viaggiatore e geografo Pausania visitò Atene e menzionò il monumento con grande ammirazione.

L'odeon coperto ospitava principalmente festival musicali e poteva accogliere fino a 5.000 spettatori. Entrambe le superfici dei muri erano rivestite da blocchi di pietra porosa, mentre l'interno era riempito di pietre squadrate di cava. La cavea semicircolare (in greco koilon, auditorium) fu scavata nella roccia. Era divisa in due sezioni da un corridoio; ogni sezione comprendeva 32 file di sedili in marmo bianco. Il corridoio superiore della cavea era probabilmente fiancheggiato da una galleria. L'orchestra semicircolare era pavimentata in marmo bianco. La scena era su tre livelli, con arcate decorative nella parte superiore e portici con tre colonne ciascuno nella parte inferiore, caratteristici dei teatri romani. La scena era affiancata da scale che portavano alla parte superiore, e una galleria correva lungo il lato anteriore del muro esterno della scena. Pavimenti a mosaico con motivi geometrici e lineari coprivano gli ingressi delle scale. Il monumento fu una costruzione estremamente costosa, come confermato dai resoconti antichi che si riferivano principalmente al legno di cedro utilizzato per il tetto. Sembra che il tetto della cavea, con un raggio di 38 m, non avesse fissaggi interni, poiché non vi è traccia di tali fissaggi, costituendo un'impresa unica anche oggi.

Ad est, l'odeon era collegato alla stoà (portico) di Eumene, costruita circa tre secoli prima (197-159 a.C.), da Eumene, re di Pergamo, per offrire ai visitatori del teatro di Dioniso una protezione dal sole e dalla pioggia. L'odeon fu distrutto nel 267 d.C. durante l'incursione degli Eruli e non fu mai ricostruito. In seguito, fu incluso nelle fortificazioni della città. Il suo muro sud divenne parte del muro post-romano eretto nel III secolo d.C., mentre nel XIII secolo l'alto muro della scena fu incluso nel muro che circonda la base della collina dell'Acropoli. Nel XIV secolo, gli strati di riempimento che coprivano la parte inferiore del muro sud del monumento erano così spessi che le entrate non erano più visibili. Il monumento fu restaurato nel 1952-1953 con marmo proveniente dalla regione di Dionysos, simile al marmo originale di Pentelico. Dal 1957, ospita festival artistici (concerti, rappresentazioni teatrali antiche, ecc.) principalmente nel contesto del Festival di Atene.

L'Odeon di Erode Attico. Sullo sfondo, a destra, il monumento di Filopappo sulla cima della collina delle Muse. Foto di Mstyslav Chernov, CC BY-SA 3.0 <https://creativecommons.org/licenses/by-sa/3.0>, tramite Wikimedia Commons

L'Acropoli

L'Acropoli. In primo piano, a sinistra, l'Odeon di Erode Attico. Foto di Christophe Meneboeuf, CC BY-SA 3.0 <https://creativecommons.org/licenses/by-sa/3.0>, tramite Wikimedia Commons

I Propilei dell'Acropoli. Foto di Paolo Villa, CC BY-SA 4.0
<https://creativecommons.org/licenses/by-sa/4.0>, tramite Wikimedia Commons

Il tempio di Atena Nike, a destra dei Propilei. Foto di Jebulon, CC0, tramite
Wikimedia Commons

Il Partenone. Foto di Steve Swayne, CC BY 2.0
<https://creativecommons.org/licenses/by/2.0>, tramite Wikimedia Commons

Sculture del frontone est del Partenone, attualmente al British Museum. Foto di Andrew Dunn, tramite Wikimedia Commons

Metopi del Partenone raffiguranti la Centauromachia, attualmente al British Museum. Foto di Carole Raddato da FRANKFURT, Germania, CC BY-SA 2.0 <https://creativecommons.org/licenses/by-sa/2.0>, tramite Wikimedia Commons

L'Eretteo. Foto di Jebulon, CC0, tramite Wikimedia Commons

Le Cariatidi dell'Eretteo, opera nel dominio pubblico

La "Grande Passeggiata" è dominata dall'Acropoli, il sito più importante di Atene e di tutta la Grecia. È una cittadella antica situata su uno sperone roccioso sopra la città, elevandosi a 150 m sopra il livello del mare e contiene i resti di diversi edifici antichi di grande importanza architettonica e storica. Troverete l'accesso su questa "Grande Passeggiata", dopo l'Odeon di Erode, sempre sulla vostra destra.

La parola acropoli deriva dai termini greci ἄκρον (akron, "punto più alto, estremità") e πόλις (polis, "città"). Il termine è generico e esistono molte altre acropoli in Grecia.

Mentre i primi reperti risalgono al neolitico medio e ci sono prove che la collina era abitata fin dal IV millennio a.C., è stato Pericle (495-429 a.C.) nel V secolo a.C. a coordinare la costruzione degli edifici i cui resti attuali sono i più importanti del sito, tra cui il Partenone, i Propilei, l'Eretteo e il tempio di Atena Nike.

È certo che un palazzo miceneo sorgesse sulla collina alla fine dell'età del bronzo, anche se non ne ha lasciato traccia. Poco dopo la costruzione del palazzo, fu eretto un massiccio muro di cinta ciclopico, lungo 760 metri, alto fino a 10 metri e largo da 3,5 a 6 metri. Questo muro sarebbe stata la principale difesa dell'Acropoli fino al V secolo a.C.

Non sappiamo molto sull'aspetto dell'Acropoli prima dell'età arcaica. Un tempio di Atena Polias, la divinità tutelare della città, fu eretto tra il 570 e il 550 a.C., nel luogo in cui oggi sorge il Partenone. Questo edificio in stile dorico in calcare, di cui rimangono numerose rovine, è chiamato Ecatompedon (che significa "cento piedi" in greco, in riferimento alla sua lunghezza). Non si sa se questo tempio abbia sostituito un altro più antico, o semplicemente un recinto o un altare sacro.

Tra il 529 e il 520 a.C., un altro tempio fu costruito dai Peisistratidi, i tiranni di Atene: il Vecchio Tempio di Atena. Questo tempio di Atena Polias fu costruito tra l'Eretteo e l'attuale Partenone. Il Vecchio Tempio fu distrutto insieme a tutta la città durante la seconda invasione persiana della Grecia nel 480-479 a.C. Tuttavia, il tempio fu probabilmente ricostruito nel 454 a.C., poiché il tesoro della Lega di Delo fu trasferito lì. Il tempio potrebbe essere completamente bruciato nel 406/405 a.C., poiché Senofonte scrive che l'antico tempio di Atena fu incendiato.

Verso il 500 a.C., l'Ecatompedon fu smantellato per fare spazio a un nuovo edificio più grande, il "Vecchio Partenone" (spesso chiamato il Prepartenone, o "primo Partenone"). Nel 485 a.C., la costruzione si interruppe per risparmiare risorse mentre Serse diventava re di Persia e la guerra sembrava imminente.

Il Vecchio Partenone era ancora in costruzione quando i Persiani invasero e distrussero la città nel 480 a.C. L'edificio fu incendiato e saccheggiato, così come il Vecchio Tempio e tutto il resto sulla roccia.

Dopo la fine delle guerre persiane, gli Ateniesi incorporarono molte parti architettoniche del tempio incompiuto (tamburi di colonne non scanalati, triglifi, metope, ecc.) nel nuovo muro di cinta settentrionale dell'Acropoli, dove fungevano da "monumento commemorativo di guerra" e sono ancora visibili oggi da Plaka e Monastiraki. Il sito devastato fu liberato dai suoi detriti. Statue, oggetti di culto, offerte religiose e parti architettoniche furono seppelliti con cerimonia in diverse fosse scavate profondamente sulla collina, fungendo da riempimento per il altopiano artificiale creato intorno al Partenone classico. Questi "detriti persiani" furono scavati sull'Acropoli verso il 1890 e ci hanno regalato, tra le altre cose, le famose statue femminili arcaiche delle Kore, visibili al Museo dell'Acropoli.

La maggior parte dei grandi templi, compreso il Partenone, fu ricostruita su ordine di Pericle durante quel che è comunemente chiamato l'età dell'oro di Atene (460-430 a.C.). Fidia, uno scultore ateniese, e Ictino e Callicrate, due famosi architetti, erano responsabili della ricostruzione.

Il Partenone è un tempio dorico periptero doppio con diverse caratteristiche architettoniche uniche e innovative. Il tempio stesso è diviso in pronao, cella e opistodomo, con una stanza separata all'estremità ovest, ed è circondato da un pteron (colonnato) con otto colonne su ciascuno dei lati corti e diciassette colonne sui lati lunghi. All'interno mostra un approccio innovativo agli elementi nuovi e antichi: all'interno della cella, un doppio colonnato a forma di U ha creato uno sfondo per la statua in oro e avorio di Atena Parthenos, che mostrava la dea in armatura completa con Nike (Vittoria) degli Ateniesi nella sua mano destra. La sala ovest, dove erano conservati i tesori della città, aveva quattro colonne ioniche. Il tetto a doppia pendenza era coperto da tegole di marmo, con false antefisse a forma di palmetta di marmo lungo il bordo dei lati lunghi e grondaie a forma di teste di leone agli angoli. Statue di marmo decoravano gli angoli dei frontoni e grandi palmette ornate ne coronavano la sommità. I frontoni erano decorati con composizioni scultoree ispirate alla vita della dea Atena. Il frontone orientale raffigurava la nascita della dea, che sgorgava dalla testa di suo padre Zeus, di fronte a un'assemblea degli dei dell'Olimpo, mentre il frontone occidentale mostrava Atena e Poseidone che si contendevano il possesso della città di Atene di fronte a dei, eroi e re mitici dell'Attica. Novantadue metope alternate a triglifi erano collocate sopra l'epistilio del colonnato esterno e sotto l'architrave. Tutte erano ornate di rilievi. I loro temi provenivano da battaglie leggendarie: la Gigantomachia era rappresentata sul lato est, la guerra di Troia sul lato nord, l'Amazzonomachia sul lato ovest e la Centauromachia sul lato sud. Il fregio, elemento dell'ordine ionico, aggiunto brillantemente a questo tempio dorico sulla cima della cella, del pronao e dell'opistodomo, raffigurava la splendida processione delle Panatenee, la più grande festa di Atene in onore di Atena.

Nel 437 a.C., Mnesicle iniziò la costruzione dei Propilei, un ingresso monumentale all'estremità ovest dell'Acropoli con colonne doriche di marmo del Pentelico, costruite in parte sui vecchi propilei di Pisistrato, il tiranno del VI secolo a.C. Il complesso era quasi completo nel 432 a.C. e aveva due ali, quella settentrionale decorata con dipinti di Polignoto, uno dei pittori più famosi della Grecia antica.

Nello stesso periodo, a sud dei Propilei, inizia la costruzione del piccolo tempio ionico di Atena Nike in marmo del Pentelico. Il tempio fu completato tra il 421 e il 409 a.C. È una struttura ionica di dimensioni ridotte con quattro colonne monolitiche su ciascun lato corto. Sopra l'epistilio, un fregio dello scultore Agoracrito raffigurava su tre lati scene di battaglia tra Greci e Persiani e, sul lato orientale, un'assemblea degli dei olimpici che osservavano tali battaglie. Poco è conservato dei frontoni, che avrebbero rappresentato una Gigantomachia sul lato ovest e un'Amazzonomachia sul lato est. All'esterno del tempio, a est, si trovava l'altare. Nel 409 a.C. è stato costruito un parapetto di marmo lungo il bastione per motivi di sicurezza. È composto da lastre rialzate di un metro raffiguranti Vittorie alate che guidano o sacrificano tori o decorano trofei di fronte a Atena seduta. Diverse lastre e parti del fregio sono visibili al Museo dell'Acropoli; altre parti sono state prese da Lord Elgin e si trovano al British Museum.

La costruzione dell'elegante tempio di Eretteo (421-406 a.C.) seguì un piano complesso che teneva conto del terreno estremamente accidentato e del desiderio di includere vari santuari più antichi esistenti in quel luogo. Il tempio era fatto di marmo del Pentelico, il fregio di pietra grigia di Eleusi con figure attaccate in rilievi bianchi e le fondamenta di pietra del Pireo. L'ingresso, orientato a est, è fiancheggiato da sei colonne ioniche. La parte orientale del tempio era dedicata ad Atena Polias e ospitava la statua cultuale di Atena, in legno d'olivo, che gli Arrifori vestivano con il peplo sacro durante la festa panatenaica. La parte occidentale, dedicata al culto del re arcaico Poseidone-Eretteo, ospitava gli altari di Efesto e Bute, fratello di Eretteo. Si sa poco del piano originale dell'interno, che fu distrutto dal fuoco nel I secolo a.C. ed è stato ricostruito diverse volte. Eccezionalmente, il tempio ha due portici, uno all'angolo nord-ovest sostenuto da colonne ioniche, l'altro, a sud-ovest, sorretto da enormi figure femminili o cariatidi. Create da Alcamene o Callimaco, le statue sono state successivamente chiamate Cariatidi dalle giovani donne di Karyes in Laconia che danzavano in onore della dea Artemide. Cinque di esse si trovano al Museo dell'Acropoli e un'altra al British Museum, mentre quelle al sito sono copie. Il fregio rappresentava probabilmente scene legate ai mitici re di Atene. All'inizio del XIX secolo, Lord Elgin ha rimosso una delle cariatidi e una colonna e durante la Guerra d'Indipendenza greca, l'edificio fu bombardato e gravemente danneggiato.

Tra il tempio di Atena Nike e il Partenone, si trovava il santuario di Artemide Brauronia (o il Brauroneion), la dea raffigurata come un orso e venerata a Braurone, una piccola città inclusa nello Stato di Atene. Secondo Pausania, una statua in legno della dea e una statua di Artemide realizzata da Prassitele nel IV secolo a.C. coesistevano nel santuario. Dietro i Propilei, c'era la gigantesca statua in bronzo di Fidia di Atena Promachos ("Atena che combatte in prima linea"), creata tra il 450 e il 448 a.C. Il piedistallo misurava 1,50 m di altezza, mentre l'altezza totale della statua era di 9 m. La dea teneva una lancia con la punta dorata visibile come un riflesso per gli equipaggi delle navi che contornavano il capo Sunio e uno scudo gigante sul lato sinistro.

Altri monumenti che hanno lasciato poco di visibile fino ai giorni nostri sono la Calcoteca, il Pandroseion, il santuario di Pandion, l'altare di Atena, il santuario di Zeus Polieus e, dall'epoca romana, il tempio circolare di Augusto e Roma. Durante le epoche ellenistica e romana, molti edifici nell'area dell'Acropoli sono stati riparati a causa dei danni causati dall'età e, talvolta, dal fuoco. Sono stati eretti monumenti a re stranieri, tra cui quelli dei re di Pergamo Attalo II (di fronte all'angolo nord-ovest del Partenone) ed Eumene II, di fronte ai Propilei. Questi sono stati riconsacrati all'inizio dell'Impero romano ad Augusto o Claudio (non si sa quale), e ad Agrippa, rispettivamente. Eumene sponsorizzò la costruzione della stoà (portico) citata sopra sul versante sud. Durante l'epoca giulio-claudia, il tempio di Roma e Augusto, un piccolo edificio rotondo a circa 23 metri a est del Partenone, doveva essere l'ultima importante costruzione antica sulla cima della roccia.

Nel III secolo d.C., sotto la minaccia di un'invasione degli Eruli, furono effettuate riparazioni alle mura dell'Acropoli e la "porta Beulé" fu costruita per limitare l'accesso di fronte ai Propilei, restituendo così all'Acropoli il suo antico uso come fortezza. Durante l'epoca bizantina, il Partenone fungeva da chiesa, dedicata alla Vergine Maria. Sotto il ducato latino di Atene (1204-1456), creato dopo la conquista dell'Impero bizantino dai crociati della Quarta Crociata, l'Acropoli serviva come centro amministrativo della città, con il Partenone come cattedrale e i Propilei come parte del palazzo ducale. Una grande torre fu aggiunta e demolita nel XIX secolo. Dopo la conquista ottomana di Atene nel 1456, il Partenone fu utilizzato come quartier generale della guarnigione dell'esercito turco e l'Eretteo fu trasformato in harem privato del governatore. Gli edifici dell'Acropoli subirono gravi danni durante l'assedio del 1687 da parte dei Veneziani. Il Partenone, utilizzato come deposito di polvere da sparo, fu colpito da colpi di artiglieria e gravemente danneggiato. Altri danni significativi furono causati all'inizio del XIX secolo da Lord Elgin, che saccheggiò gran parte della decorazione scultorea del tempio e la vendette al British Museum.

Nel corso degli anni successivi, l'Acropoli è stata un sito di intensa attività umana con numerose strutture bizantine, "franche" e ottomane. La caratteristica dominante durante il periodo ottomano era una moschea all'interno del Partenone, ora distrutto, con un minareto.

L'Acropoli è stata assediata tre volte durante la Guerra d'Indipendenza greca (due assedi da parte dei Greci nel 1821-1822 e uno da parte degli Ottomani nel 1826-1827). Dopo l'Indipendenza, la maggior parte delle costruzioni risalenti ai periodi bizantino, "franco" e ottomano sono state rimosse dal sito nel tentativo di ripristinare il monumento alla sua forma originale, "ripulito" da tutti gli aggiornamenti successivi, secondo i principi universali di restauro dell'epoca.

Il Progetto di Restauro dell'Acropoli è iniziato nel 1975 con l'obiettivo di invertire il declino di secoli di usura, inquinamento, danni dovuti a azioni militari e restauri passati mal concepiti. Il progetto prevedeva la raccolta e l'identificazione di tutti i frammenti di pietra dell'Acropoli e delle sue pendici, e la filosofia attuale è quella di ripristinare il più possibile utilizzando materiali originali riassettati, con l'uso parsimonioso di nuovo marmo dal monte Pentelico. Tutti i restauri sono realizzati con l'ausilio di perni in titanio e sono progettati per essere completamente reversibili, nel caso in cui futuri esperti decidessero di apportare modifiche. È stata utilizzata una combinazione di tecnologia moderna avanzata, approfondite ricerche e reinvenzione di tecniche antiche. Se visitate l'Acropoli in un giorno lavorativo, vedrete scalpellini specializzati al lavoro sui monumenti con una competenza pari a quella dei loro colleghi dell'antichità.

L'Areopago

Di fronte all'ingresso dell'Acropoli si trova la collina dell'Areopago, un luogo sacro legato ad Ares e alle divinità ctonie (degli inferi) della punizione e della vendetta, anche chiamate "Erinie" (Furie). Era il luogo di riunione del corpo politico e giudiziario dell'Areopago. Sul lato nord della collina ci sono i resti di quattro lussuose case risalenti al IV-VI secolo d.C., comunemente chiamate "scuole filosofiche", che potrebbero aver appartenuto a sofisti. A sud dell'Areopago si trova un quartiere residenziale dell'antico municipio di Kollytos. Potete vedere le rovine delle case con mosaici sulla vostra destra, se continuate lungo la "Grande Passeggiata" dopo aver lasciato l'Acropoli.

Il sito archeologico di Philopappou

Dopo l'accesso all'Acropoli, sempre lungo la "Grande Passeggiata", sulla sinistra, si trova l'accesso gratuito al sito archeologico di Philopappou. Questo sito comprende tre importanti colline dell'Atene antica: la collina delle Muse (o Philopappou), la collina delle Ninfe e la Pnice. Comprende anche monumenti più recenti, come l'Osservatorio, sulla cima della collina delle Ninfe, progettato da Theophil Hansen, e la pittoresca chiesa di San Demetrio Loumbardiaris. L'area comprende anche molti spazi verdi. Gli accessi e i percorsi all'interno di questi siti hanno costituito la parte principale dell'intervento nella creazione della "Grande Passeggiata".

Il monumento di Philopappos, sulla cima della collina delle Muse, risale al 114-116 d.C. È stato eretto dagli ateniesi in onore del grande benefattore della loro città, il principe esiliato di Commagene, Giulio Antioco Filopappo, che si stabilì ad Atene, divenne cittadino e assunse funzioni civili e religiose.

Il monumento è costruito in marmo bianco del Pentelico su un basamento in pietra porosa e rivestito con lastre di marmo del monte Imetto (che chiude il bacino di Atene ad est). Il lato nord del monumento, visibile dall'Acropoli, era la facciata ed era ornato di una ricca decorazione architettonica. La figura centrale è Filopappo, figlio di Epifane, a sinistra Antioco, figlio del re Antioco, e a destra il re Seleuco Nicatore, figlio di Antioco.

Una recente indagine ha certificato che parti architettoniche del monumento sono state utilizzate per la costruzione del minareto del Partenone, quando gli Ottomani trasformarono il tempio in moschea.

La Pnice

Dopo aver lasciato la principale zona pedonale verso l'accesso alla collina delle Muse o Philopappou, se svoltate a destra, troverete il vostro percorso verso la Pnice, il luogo dove l'assemblea degli Ateniesi teneva le sue riunioni.

I resti trovati hanno mostrato che la Pnice aveva tre periodi principali di costruzione. Nel primo periodo, il pendio naturale fungeva da auditorium. La superficie è stata livellata dall'estrazione di calcare duro, mentre è stato costruito un muro di sostegno diritto sul lato nord. Nel secondo periodo, la disposizione dell'auditorium era molto diversa; è stato costruito un alto muro di sostegno semicircolare a nord, sostenendo un terrapieno inclinato verso sud, cioè in direzione opposta rispetto al primo periodo. Questo sarebbe stato fatto affinché i membri dell'assemblea avessero le spalle all'Acropoli e si concentrassero sull'oratore anziché distrarsi dall'intensa attività edilizia che si svolgeva dopo le guerre persiane. L'accesso era garantito da due scale. La Pnice del terzo periodo aveva esattamente lo stesso piano ma su una scala più grande; il grande muro di sostegno è stato costruito con grossi blocchi di pietra estratti dalla zona, mentre la nuova tribuna è stata sistemata a sud.

La 'Grande Passeggiata' nel quartiere di Theseion

Trasformazione della parte bassa di via Ermou in zona pedonale

Dopo la Pnice e la collina di Philopappos, continuerete sulla 'Grande Passeggiata' e raggiungerete il quartiere di Theseion. Presso la chiesa bizantina di Aghioi Asomatoi (gli Arcangeli), la zona pedonale si divide in due rami: la parte ovest (a sinistra) è la parte bassa pedonale di via Hermes (Ermou) che porta al cimitero antico di Kerameikos e al quartiere di Gazi; il ramo orientale (a destra) è via Adriano (Adrianou), anch'essa pedonale, che conduce all'Agorà Antica e a Monastiraki.

Via Hermes (Ermou) è stata una delle prime strade create per la città moderna di Atene e uno degli assi principali del piano realizzato nel 1833 da Kleanthes e Schaubert (formante la base del triangolo principale del piano urbano), conservato anche nel piano di Leo von Klenze. La parte alta (est) della strada, concentrando fino ad oggi il commercio al dettaglio, il tempo libero e i servizi pubblici, è zona pedonale dal 1996; al contrario, la parte bassa (ovest) era legata alle attività industriali fin dal XIX secolo e presentava un'immagine di abbandono. La presenza di un traffico intenso non permetteva di comprendere che lungo questa parte della strada si trovava il sito archeologico molto importante del cimitero antico di Kerameikos. L'intervento su questa parte di via Hermes ha permesso di valorizzare il sito archeologico e di collegarlo agli altri siti e al resto della città. Alla fine della strada si trova l'antica fabbrica del gas (Gazi), oggi centro culturale del comune di Atene accanto al vivace quartiere di Gazi, uno dei centri nevralgici della vita notturna ateniese.

La chiesa bizantina di Aghioi Asomatoi (gli Arcangeli, XI secolo)

Il cimitero antico di Kerameikos e la piazza Kerameikos

La parte bassa della via Ermou, che è una zona pedonale, conduce alla piazza Kerameikos, una nuova piazza che ha sostituito le bancarelle di un mercato. È la fine della "Grande Passeggiata" e il nucleo di un nuovo polo nel centro storico di Atene, ancora più grande della Piazza della Costituzione, la piazza principale della capitale. È stata creata come la terza piazza (sud-ovest) del piano del 1833, che non fu completato all'epoca a causa del trasferimento del Palazzo Reale dalla cima del triangolo del piano urbano all'angolo est (Piazza della Costituzione). Questo ha disturbato l'equilibrio del piano e ha messo eccessivamente in risalto la parte est della città, portando al declino della parte ovest.

L'intervento ha incluso anche la valorizzazione del sito archeologico del cimitero antico di Kerameikos, accessibile dalla via Ermou. Si tratta di una piccola parte del demo attico antico (demos o demo significa comunità, da cui deriva la parola democrazia) di Kerameon, uno dei più grandi demoi dell'Atene antica, situato alla periferia nord-ovest della città. Come suggerisce il nome, il Kerameikos (dalla parola greca per ceramica) era un villaggio di ceramisti e pittori di vasi, nonché il principale centro di

88

produzione delle famose ceramiche attiche. Le parti del Kerameikos situate vicino alla riva subivano continuamente gli straripamenti del piccolo fiume Eridano, e quindi l'area è stata convertita in un cimitero, che si è sviluppato gradualmente diventando il cimitero più importante dell'Atene antica.

I ceramisti sono stati attratti verso il Kerameikos dai depositi di argilla dell'Eridano, che attraversa il sito archeologico. Il fiume è stato sepolto per secoli sotto otto o nove metri di detriti, ma è stato nuovamente scoperto negli anni '60 durante gli scavi archeologici. Le prime tombe del Kerameikos risalgono all'inizio dell'età del bronzo (2700-2000 a.C.) e il cimitero sembra essersi costantemente ampliato dalla fase submicenea (1100-1000 a.C.). Durante le fasi geometrica (1000-700 a.C.) e arcaica (700-480 a.C.), il numero di tombe è aumentato; erano disposte all'interno di tumuli o segnalate da monumenti funerari. Il cimitero è stato utilizzato ininterrottamente dalla fase ellenistica fino al periodo paleocristiano (338 a.C. circa fino al VI secolo d.C.).

I vasi ateniesi più importanti provengono dalle tombe del Kerameikos. Tra di essi c'è la famosa "oinochoe del Dipylon", che porta la più antica iscrizione scritta in alfabeto greco (seconda metà dell'VIII secolo a.C.). Il piccolo museo del sito ospita i reperti degli scavi del Kerameikos.

Le mura di Temistocle furono costruite in fretta nel 478 a.C., dopo il ritiro persiano, per proteggere la città dalla minaccia spartana. Circondavano l'intera antica città di Atene e dividevano il Kerameikos in due sezioni, il Kerameikos Interno e il Kerameikos Esterno. Il Kerameikos Interno (all'interno delle mura della città) si sviluppò in un quartiere residenziale, mentre il Kerameikos Esterno rimase un cimitero. La sezione delle mura che attraversava il Kerameikos da nord a sud è conservata fino ai giorni nostri, così come due porte importanti, il Dipylon, la porta ateniese più grande e ufficiale, e la Porta Sacra.

Due vie importanti, il Demosion Sema, che conduceva all'Accademia di Platone, e la Via Sacra (Iera Odos), che collegava Atene a Eleusi, iniziavano rispettivamente dal Dipylon e dalla Porta Sacra (Iera Pyli). La Porta Sacra era il punto di partenza della processione dei misteri eleusini, e il Dipylon il punto di partenza della processione panatenaica, che si spostava lungo la Via Panatenaica verso l'Acropoli. I preparativi per la processione panatenaica avevano luogo all'interno del Pompeion (pompē significava processione), un grande edificio (fine del V secolo a.C.) con un cortile circondato da un colonnato, situato direttamente dietro le mura, accanto al Dipylon.

Kerameikos. Qui sopra, la parte meglio conservata delle mura antiche di Atene. Accanto ad essa si trovano le rovine del Pompeion, dove avevano luogo i preparativi per la processione panatenaica (rappresentata sul fregio del Partenone). Qui sotto, i monumenti funerari, tra cui quello di Hegeso (il primo da sinistra)

Nell'epoca classica (V-IV secolo a.C.), le strade erano fiancheggiate da monumenti funerari, principalmente di carattere familiare e spesso decorati con rilievi. Alcuni dei monumenti funerari più noti includono la tomba di Dexileos, la stele (lapide) di Hegeso (verso il 400 a.C.), la stele di Pamfilo e Demetria e il toro di marmo dell'area funeraria di Dionisio di Kollytos (verso il 345 a.C.).

Fuori dal Dipylon, lungo la strada che conduce all'Accademia di Platone, si trovava il Demosion Sema, o cimitero pubblico, luogo di sepoltura di notabili ateniesi e eroi di guerra. È qui che Pericle pronunciò la sua famosa orazione funebre (Epitaffio) per coloro che morirono durante il primo anno della Guerra del Peloponneso (430 a.C. circa).

Ecco alcuni estratti di un articolo scritto dall'archeologa Semni Karouzou sulla scultura funeraria più famosa del Kerameikos, che non troverete da nessun'altra parte. L'ho scelto perché penso che dia un'ottima idea dello spirito di tutta la scultura greca antica:

"Chi era questa giovane donna dalla nobiltà indicibile di fisionomia e statura, lodata dall'arte e rispettata dal tempo? Non sappiamo nulla di più di lei se non l'iscrizione in belle e semplici lettere classiche: Hegeso di Proxenos. Sembrerebbe più probabile che fosse la figlia di Proxenos e che fosse sepolta nella tomba di famiglia del marito. È la lapide attica più nobile. Le lapidi attiche, anche le più 'manuali', hanno una profonda umanità, discretamente tragica, senza precedenti all'epoca nel mondo. Le migliori sono vere opere d'arte, perché realizzate da grandi artigiani."

"Lo scultore di Hegeso (N.B. probabilmente Callimaco) ci ha regalato una tale meravigliosa creazione. Nel suo viso, nei suoi movimenti, non ha mostrato lamenti, nessuna protesta. Ci commuove perché la vediamo maestosa, leggera e bella, comodamente seduta su una poltrona elegante, tenendo tra le dita - su quelle dita melodiche - una collana. Questa mano, la più attica tra le mani femminili sulle stele funerarie, cattura gli sguardi degli spettatori poiché è situata al centro della composizione. Lo scultore non voleva che l'immagine fosse appesantita da ulteriori figure; solo la giovane schiava, che tiene la scatola dei gioielli - come era veramente nella casa che Hegeso un tempo aveva abbellito - si trova di fronte alla sua padrona."

"Hegeso è libera, elevata al di sopra di qualsiasi caratteristica individuale, come un'immagine simbolica della giovinezza effimera ma eroizzata. L'arte classica rifiutava di rappresentare i morti sconfitti dalla 'morte perniciosa'; lo indicava solo rappresentando il lato positivo della vita, così breve; a differenza dell'arte neoclassica del XIX secolo, dove si trova l'estinzione dei giovani per mezzo della morte."

Monumento funerario di Hegeso. Museo Archeologico Nazionale di Atene, CC BY-SA 3.0 <http://creativecommons.org/licenses/by-sa/3.0/>, tramite Wikimedia Commons

"Solo ad Atene, la città della storia antica e di tanta nobiltà, poteva essere creata un'immagine del genere. E se un generale spartano avesse demolito le sue mura ben costruite solo pochi anni prima? È rimasta la prima, la maestra nello spirito e nell'arte, che annientava la morte e offriva la vita eterna." (N.B. La stele di Hegeso fu creata solo pochi anni dopo la sconfitta di Atene da parte di Sparta durante la Guerra del Peloponneso).

Trasformazione di via Adrianou in zona pedonale

Per continuare sulla "Grande Passeggiata", è necessario tornare alla chiesa di Aghioi Asomatoi e prendere il ramo est (a destra) della zona pedonale. Questa è via Adriano (Adrianou), una delle strade più antiche e storiche di Atene. Una parte di essa occupa un posto particolare nella città, poiché si trova tra gli edifici e i siti archeologici. Ha un uso commerciale e ricreativo, è una delle porte dell'Agorà Antica e offre una vista molto ampia sull'Acropoli. Qui, le principali intervenzioni sono state l'esclusione dei veicoli e il restauro delle case neoclassiche da un lato (l'altro lato è delimitato dall'Agorà Antica).

L'Agorà Antica

Da questa parte di via Adrianou, è possibile accedere all'Agorà Antica.

L'Agorà era il cuore dell'antica Atene, il centro dell'attività politica, commerciale, amministrativa e sociale, nonché il fulcro religioso e culturale e la sede della giustizia.

Il sito è stato occupato ininterrottamente in tutte le epoche storiche della città. È stato utilizzato come area residenziale e funeraria fin dalla fine del periodo neolitico (3000 a.C.). All'inizio del VI secolo a.C., l'Agorà divenne uno spazio pubblico.

Dopo una serie di riparazioni e rimodellamenti, ha raggiunto la sua forma rettangolare definitiva nel II secolo a.C. Dopo la distruzione della città da parte dei Persiani nel 480 a.C., dei Romani nel 86 a.C. e degli Eruli nel 267 d.C., si è verificata un'ampia attività di costruzione. Dopo l'invasione slava del 580 d.C., è stata progressivamente abbandonata. Dal periodo bizantino fino al 1834, quando Atene divenne la capitale della Grecia indipendente, l'Agorà divenne una zona residenziale.

Nel 1890-91, uno scavo profondo per la ferrovia metropolitana che collegava Atene al Pireo ha portato alla luce le rovine degli edifici antichi. Nel 1931, la Scuola Americana di Studi Classici ha iniziato scavi sistematici. Al fine di scoprire l'intera area dell'Agorà, circa 400 edifici moderni sono stati demoliti, compreso l'intero quartiere di Vlasarou. È possibile vedere le foto di questo processo nella vicina stazione della metropolitana di Theseion.

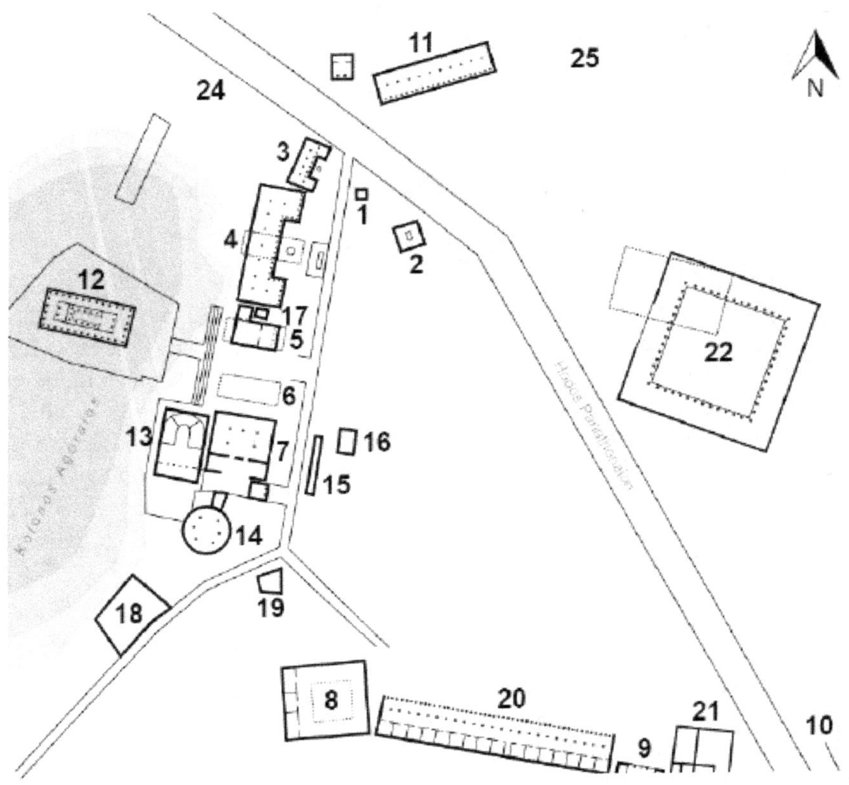

Piano dell'Agorà di Atene nell'epoca classica. Fonte: Tomisti, CC BY-SA 4.0 <https://creativecommons.org/licenses/by-sa/4.0>, tramite Wikimedia Commons

1.Leocorion 2.Altare dei Dodici Dei 3.Stoà Reale (Stoà Basileios) 4.Tempio di Zeus, successivamente Stoà di Zeus 5.Antico e nuovo tempio di Apollo Patroos 6.Antico Metroon 7.Bouleuterion 8.Aiakeion (non Eliea come si pensava in precedenza) 9.Casa della fontana sud-est (spesso Enneacrounos) 10.Eleusinion (al di fuori della mappa) 11.Stoà Pecile 12.Tempio di Efesto 13.Nuovo Bouleuterion 14.Prytanikon, successivamente Tholos 15.Monumento degli Eponimi Eroi 16.Altare di Zeus Agoraios 17.Tempio di Zeus Fratrios e di Atena Fratria 18.Strategeion 19.Casa di Simone & confine dell'Agorà 20.Stoà Sud I 21.Zecca 22.Cortile a colonne 23.Prigione di Stato (al di fuori della mappa) 24.Tempio di Afrodite Ourania (posizione incerta) 25.Stoà di Hermes (posizione sconosciuta)

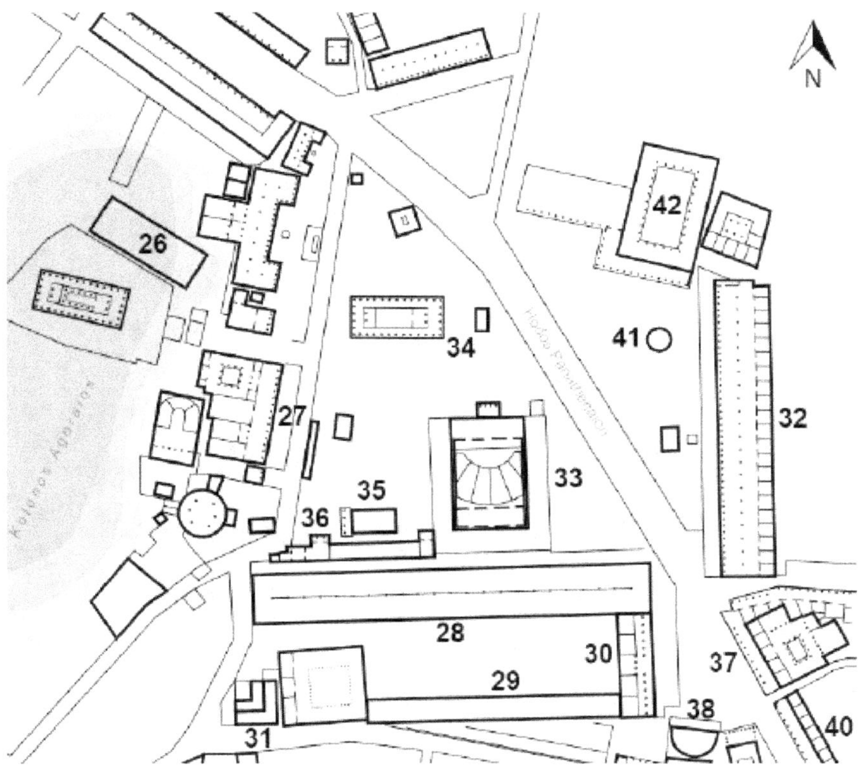

Piano dell'Agorà di Atene nell'epoca romana. Fonte: Tomisti, CC BY-SA 4.0 <https://creativecommons.org/licenses/by-sa/4.0>, tramite Wikimedia Commons

26.Arsenale 27.Nuovo Metroon 28.Stoà Mediana 29.Stoà Sud II 30.Edificio Est 31.Casa della fontana sud-ovest 32.Stoà di Attalo 33.Odeon di Agrippa 34.Tempio e altare di Ares 35.Tempio sud-ovest 36.Edificio degli ufficiali 37.Biblioteca di Pantainos 38.Ninfeo 39.Tempio sud-est 40.Stoà sud-est 41.Monoptero 42.Basilica

Agorà Antica. Il tempio di Efesto, comunemente chiamato Theseion. La foto in alto è stata scattata in un giorno d'inverno, quando le montagne che circondano il bacino dell'Attica erano coperte di neve

La Stoà (portico) restaurata di Attalo, che ospita oggi il Museo dell'Agorà Antica

L'Agorà è un'area pianeggiante delimitata dalla rocca dell'Acropoli e dalla collina dell'Areopago a sud e dalla collina di Colonos Agoraios a ovest. È attraversata da una delle strade antiche più importanti, la Via Panatenaica, che conduce all'Acropoli dalla porta principale della città, la Porta del Dipylon, che abbiamo visto nel Kerameikos. Questa strada serviva da via processionale per la grande sfilata del festival panatenaico, che si teneva in onore di Atena, la dea protettrice della città.

A nord, vicino al centro della piazza aperta, si trovava l'altare dei Dodici Dei (522/1 a.C.). Il santuario era un luogo di asilo. L'altare era anche considerato il cuore di Atene, il punto centrale da cui venivano misurate le distanze rispetto ai luoghi esterni.

Gli edifici pubblici e i templi più importanti furono costruiti dal VI al II secolo a.C. ai piedi della collina di Colonos Agoraios, lungo una delle strade più frequentate dell'Agorà, convenzionalmente chiamata Strada Ovest.

La Tholos (470 a.C.), un edificio circolare, serviva da sede per i cinquanta pritani (funzionari) della Bulè (il senato dei 500). Il Nuovo Bouleuterion era il luogo di riunione della Bulè, l'organo legislativo che redigeva le proposte di legge per la discussione e l'approvazione successive all'assemblea (Ecclesia), che, come abbiamo visto in precedenza, si riuniva nella Pnice. Il Metroon (II secolo a.C.) serviva sia come santuario della Madre degli Dei che come archivio della città. Il monumento degli Eponimi Eroi (350 a.C.) era una lunga base per le dieci statue di bronzo raffiguranti gli eroi il cui nome era portato dalle dieci tribù di Atene. Sul lato ovest dell'Agorà si trovano anche i resti del tempio ionico di Apollo Patroos (paterno) (325 a.C.), chiamato così perché era il padre di Ion, fondatore dei Greci ionici, una tribù che includeva anche gli ateniesi; la cella del piccolo tempio di Zeus Fratrios e Atena Fratria (350 a.C.), che erano le principali divinità delle antiche fraternità religiose o fratrie; inoltre, la Stoà (portico) di Zeus Eleutherios (della Libertà), il cui culto fu istituito dopo la battaglia di Platea nel 479 a.C., quando i Greci scacciarono i Persiani dalla Grecia; e infine, la Stoà Basileios (Stoà Reale), la sede dell'archonte basileus, il funzionario responsabile delle questioni religiose e legislative.

Dominante sull'Agorà dalla collina a ovest (Colonos Agoraios) si trova il tempio di Efesto e Atena (seconda metà del V secolo a.C.), comunemente chiamato "Theseion", perché, dopo l'Antichità, veniva confuso con il tempio di Teseo.

A nord-ovest, gli scavi hanno rivelato i pilastri di marmo iscritti che servivano a segnare gli ingressi dell'Agorà ovunque una strada conducesse alla piazza aperta. Uno di questi, con l'iscrizione "Sono il pilastro dell'Agorà" (500 a.C.), è stato trovato vicino alla casa di Simone il calzolaio, dove Socrate era solito incontrare i suoi discepoli.

Più a nord-ovest inizia la valle che conduce alla Pnice. Qui si trovano i complessi resti di una zona residenziale e commerciale, comunemente nota come "quartiere industriale". Una struttura più grande, il "Edificio di Poros", è stata timidamente identificata come il Desmoterion (prigione di Stato) dove Socrate fu giustiziato.

A sud, l'Agorà era fiancheggiata da vari edifici pubblici: la Casa della fontana sud-ovest (340-325 a.C.), l'Aiakeion - precedentemente identificato come l'Eliea - (inizio V secolo a.C.), la Stoà Sud I (430-420 a.C.), la Stoà Sud II (II secolo a.C.), la Casa della fontana sud-est (530-520 a.C.) e la Zecca (400 a.C.).

La Chiesa dei Santi Apostoli, risalente a circa il 1000 d.C., faceva parte della città bizantina.

La Stoà Mediana, costruita nel II secolo a.C., aveva principalmente una funzione commerciale. Divideva la vecchia piazza in due metà disuguali. Verso il 15 a.C., nella metà nord della vecchia piazza dell'Agorà, fu offerta agli ateniesi una grande sala da concerto (odeion) da Marco Vipsanio Agrippa. In seguito fu decorata con una facciata sostenuta da colonne scolpite a forma di giganti e tritoni colossali. Nel XIX secolo, quattro di queste figure furono restaurate.

A nord dell'odeion si trovano i resti del tempio dorico periptero di Ares, smantellato a Pallene e ricostruito nell'Agorà in epoca romana.

Sul lato nord dell'Agorà, dall'altro lato dell'odierna via Adrianou, gli scavi hanno rivelato un'altra grande stoà identificata come Stoà Pecile (ossia Stoà Pitturata, dalle pitture su pannelli che un tempo la decoravano).

Il lato est dell'Agorà è fiancheggiato dalla Stoà di Attalo, eretta originariamente nel II secolo a.C. in dono dal re di Pergamo, Attalo II, ad Atene. È stata completamente restaurata negli anni '50 per servire da Museo dell'Agorà. Il museo contiene scoperte archeologiche provenienti dagli scavi sistematici della Scuola Americana di Studi Classici nell'area e datate dal neolitico alle epoche post-bizantina e ottomana.

Uscendo dall'Agorà e proseguendo lungo la via Adrianou, si arriva a Piazza Monastiraki. In questo modo, la fine di questo percorso incontra la fine del primo attraverso Plaka.

L'intero programma di interventi nell'ambito del Progetto della "Grande Passeggiata" è completato dal restauro delle chiese bizantine e delle case neoclassiche del centro storico, nonché dalla loro connessione al resto della città, attraverso il maggior numero possibile di strade antiche. Si tratta del più grande intervento mai realizzato ad Atene da quando è diventata capitale della Grecia e la realizzazione di un sogno di 170 anni.

Con il completamento dei tre percorsi, avrete una conoscenza completa di tutta la storia di questa città a più livelli e dei suoi principali siti che rappresentano tutte le epoche del suo lungo viaggio nel tempo.

L'Agorà antica con la chiesa bizantina dei Santi Apostoli, risalente a circa il 1000 d.C.

Sull'autore

Denis Roubien è laureato in storia dell'architettura e professore nell'istruzione superiore, nonché appassionato escursionista culturale. Le escursioni a cui partecipa, insieme ad altre esperienze di viaggio, sono registrate nei suoi libri.

Grazie per aver letto questo libro. Se avete il tempo, un commento sarebbe molto utile.